高島善哉

研究者への軌跡

孤独ではあるが
孤立ではない

上岡 修

新評論

まえがき

高島善哉《たかしまぜんや》先生が亡くなられる直前まで私は、一九七八年から週一回もしくは二回、私設の「目と手」の一人として先生のお宅に通った。しかし、教えられることばかりで、ほとんどお役には立っていなかったように思う一二年間であった。先生はダジャレも含めてジョークをちりばめた会話や論談の名手で、仕事中だけでなくご一緒に過ごした折はいつも時の経つのを忘れるほどだった。

高島善哉という名に接することが初めてという人がいるかも知れないが、先生は社会科学者として全九巻に及ぶ『高島善哉著作集』が編まれるほど多くの書物を世に送っている。著作集に収録されたもののほかにも名著といわれる『社会科学入門』や『アダム・スミス』などがあり、また『社会思想史概論』をはじめとした共著や編著、さらに論文、時論やエッセーなども少なくない。そして、戦後は執筆だけでなく講演活動も精力的にこなされた。

先生の生涯は、先生の好きだった一句「去年今年貫く棒のごときもの」（虚子）のように、見事なまでに一貫した批判的社会科学者としてのそれであった。そして、その社会科学は、「外国文献の引用紹介の学問」に安んじるのではまったくなく、「自分の頭で考える」とはどういうことか、「自分のことばで語る」とはどういうことかを実践したものであった。また、翻訳にいたっては、横文字をただ単に日本語に置き換えるのではなく徹底的に「読み砕いた」ものであった。生涯のテーマは「日本の社会科学」の樹立であり、「正しい市民社会論の構築」と「日本における市民制社会の実現」であった。また、「日本の民主化と人間の自立と市民精神」を昭和時代の全期間を通じて主張し続けた。このような高島善哉先生の生涯から、今なお学ぶべきことは少なくないと思われる。

しかし、その先生の生涯をたどる書物を、素人の私が執筆することになるとは思ってもいなかった。先にも述べたように、先生のお手伝いをしていた関係で先生の没後に編まれた『市民社会論の構想』と『高島善哉著作集』に収録された「高島善哉年譜」と「高島善哉著作目録」の制作を私は担当させていただいた。それが理由だと思うが、七、八年前から長田五郎先生から高島先生の「伝記」を書くようにと執拗に迫られることとなった。気の弱い私は断り切れなくなり、自らの能力をも顧みずに取り組むことになったのが本書である。

本書では、高島善哉先生の生涯をたどることになっているが、太平洋戦争の時期までに多くの紙幅を割いた。それは、社会科学を打ち立てようとするとき、そのスタート台に立った社会科学者の一人の悪戦苦闘（もちろん、喜びも）の歩みを知ってもらいたいと考えたからである。それゆえ、戦後期に関しては不十分な感を抱かれるであろうが、ご容赦いただくことを願うとともに別の新たな「伝記」の出現を待ちたいと思う。なお、本書は左記の既発表のものを基にして記したものであるが、かなりの部分が書き改められていることをお断りしておく。

●「高島善哉の政治活動への関わり」（渡辺雅男編『高島善哉――その学問的世界』こぶし書房、二〇〇〇年所収）

●「高島善哉の『経済社会学』への旅立ち」（成城大学『経済研究』第一五九号・上野格名誉教授古稀記念号、二〇〇三年一月所収）

●「わが師を語る　高島善哉先生」（〈ＱＵＥＳＴ〉第二六号、二〇〇三年七月所収）

発表の機会を与えてくださった一橋大学社会学研究科教授の渡辺雅男先生、恩師の成城大学名誉教授の上野格先生、『ＱＵＥＳＴ』編集長の村岡到氏に改めて感謝申し上げます。

非常に拙い内容の本書ではあるが、ここにまで至ることができたのは、貴重な時間を割いてインタビューに応じてくださった方々をはじめ、「高島善哉研究会」のメンバー諸氏、そして「高島善哉の会」の会員諸氏ほか、きわめて多くの方々の援助と励ましがあったからである。なかでも、「高島善哉の会」の村上利雄会長には言葉では言い尽くせないほどお世話になった。また、インタビューの設定から研究会の企画・運営、そして出版社への取り次ぎに至るまで、ありとあらゆる面で横浜市立大学名誉教授の長田五郎先生の力強い牽引力と支えがあった。長田先生のご尽力がなければ、本書は日の目を見ることはなかったであろう。これらの方々にも心からのお礼を申し上げたい。

上岡　修

二〇〇九年　初冬

もくじ

まえがき 1

高島家系図 12

【第1章】 中学四年までの岐阜時代　15

少年時代 16
県立岐阜中学時代 25

【第2章】 東京商科大学の学生時代　29

東京商科大学予科への入学 30
東京商科大学予科の学生時代 37
東京商科大学本科（学部）へ進む 52

【第3章】「思想的転換」への歩み　75

卒業して助手に　76
研究行路に悩む　83
学生の研究会　88
ＳＰＳ読書会　89
東京社会科学研究所と大塚金之助のゼミナリステン　95
大塚所長時代の東京社会科学研究所の活動　98
東京社会科学研究所とヴァルガ『世界経済年報』の翻訳　101
東京社会科学研究所の改組と解散　104

【第4章】新たなる学問的立場の確立へ　107

新たな旅立ち　108
弟宣三《のぶぞう》の逮捕、起訴　110
飛蚊症《ひぶんしょう》と結婚　112
〈新興科学の旗のもとに〉への二論文　116
助手論文　120
助手解任　124
福《ふく》田《だ》徳三《とくぞう》の死去　128

【第5章】学究一路の生活へ　131

予科講師時代　132
特高による検挙　137

「暗い谷間」での再出発　143
東京商科大学の温情主義――東京商科大学予科教授就任　148
戦時下、予科教授として　150
白票事件　153
本科の講師、助教授、教授として　159
処女作　163

【第6章】

学生と大学を守り、未来に生きる　171

太平洋戦争勃発と高島の訓辞　172
昭和一七年の予科入試　173
学生主事就任　175
配属将校と対峙　179
一橋寮　181
予科勤労動員　185

第7章 ファシズムへの抵抗と批判の灯火を守り抜く

戦時下、眼と生活 189
学徒出陣 191
終戦を迎えて 200
「眼と手」を借りて 203
研究会で勉強 207
活発な啓蒙活動と「不本意な時代」 211
予科廃止と社会学部の立ち上げ 215

【第8章】高島社会科学の集大成へ 229

一橋大学教授を辞めて関東学院へ 230

あとがき 235
参考文献一覧 239
高島善哉略年譜 246
人名索引 274

高島家（北及《きたおよび》）の系図

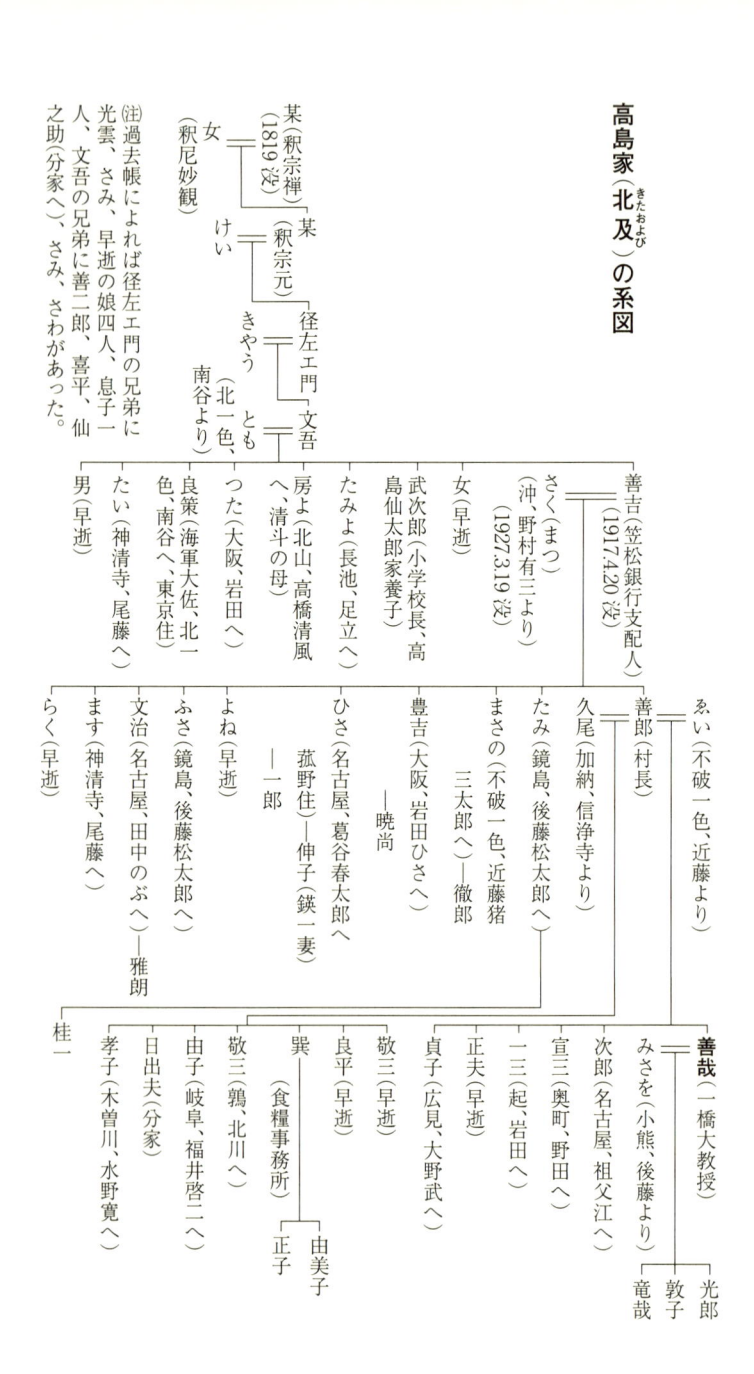

- 某（釈宗禅）（1819没）＝女（釈尼妙観）
  - 某（釈宗元）＝けい
    - 径左エ門＝きやう
      - 文吾＝とも（北一色、南谷より）
        - 善吉（笠松銀行支配人）（1917.4.20没）＝さく（まつ）（沖、野村有三より）（1927.3.19没）
          - 善郎（村長）＝ゑい（不破一色、近藤より）
            - 善哉（一橋大教授）＝みさを（小熊、後藤より）
              - 光郎
              - 敦子
              - 竜哉
            - 次郎（名古屋、祖父江へ）
            - 宣三（奥町、野田へ）
            - 一三（起、岩田へ）
            - 正夫（早逝）
            - 貞子（広見、大野武へ）
          - 善郎＝久尾（加納、信浄寺より）
            - 敬三（早逝）
            - 良平（早逝）
            - 巽（食糧事務所）
              - 由美子
              - 正子
            - 敬三（鶉、北川へ）
            - 由子（岐阜、福井啓二へ）
            - 日出夫（分家）
            - 孝子（木曽川、水野寛へ）
          - たみ（鏡島、後藤松太郎へ）
            - 桂一
          - まさの（不破一色、近藤猪三太郎へ）—徹郎
          - 豊吉（大阪、岩田ひさへ）—暁尚
          - ひさ（名古屋、葛谷春太郎へ菰野住）—伸子（鉄一妻）
            —一郎
          - よね（早逝）
          - ふさ（鏡島、後藤松太郎へ）
          - 文治（名古屋、田中のぶへ）—雅朗
          - ます（神清寺、尾藤へ）
          - らく（早逝）
        - 女（早逝）
        - 武次郎（小学校長、高島仙太郎家養子）
        - たみよ（長池、足立へ）
        - 房よ（北山、高橋清風へ、清斗の母）
        - つた（大阪、岩田へ）
        - 良策（海軍大佐、北一色、南谷へ、東京住）
        - たい（神清寺、尾藤へ）
        - 男（早逝）

㊟過去帳によれば径左エ門の兄弟に光雲、さみ、早逝の娘四人、息子一人、文吾の兄弟に善二郎、喜平、仙之助（分家へ）、さみ、さわがあった。

高島善哉　研究者への軌跡——孤独ではあるが孤立ではない——

第1章

中学四年までの岐阜時代

▽ 少年時代

二〇〇九年一〇月一一日、九時四七分に名古屋駅を出た東海道新幹線の下りの「こだま」は、秋晴れの澄み切った空気のなか、八分後には木曽川の鉄橋を渡っていた。

三〇年前、京都へ向かう「ひかり」に乗車していた高島善哉が、ちょうどこのあたりにさしかかったとき、進行方向の右前方を見るようにしながら「木曽川を渡るときは教えてほしい。岐阜羽島駅の周りの風景はどんなかね？」と私に尋ねられたことを思い出していた。京都の同志社大学において「国家論」をメイン・テーマとして開かれた経済理論学会に出席するため、目の不自由な高島の介助者として同行したときのことである。このあたりは、高島が生まれ育った所に近く、たぶんその後の故郷の情景を知りたかったのであろう。

そのときは、「駅の周りにも民家などの建物は少なく、田畑が広がっています」と答えたように記憶している。今、岐阜羽島の駅に降りたってみると、北口正面に「円空生誕の地」の大きな碑が立っているのを除けば、どこにでもあるような駅に連なる新しい町並みが形成されているのが分かる。

本書の執筆にあたって、今回、高島の生家を訪ねてみたい、幼いころに遊びの舞台となった木曽川をこの眼で見たいという想いが強くなり、地図だけを頼りにして一人旅を決行した。一時間に四本の電車が運行されている単線の名鉄羽島線を利用し、生家の最寄り駅と思われる「南《みなみ》宿《じゅく》」に向かうことにした。岐阜羽島駅の北側に隣接する名鉄新羽島駅の階段を上ってホームに立つと、北方の彼方に金華山《きんかざん》が望める。生家は、今立っている所と岐阜のほぼ中間の木曽川沿いにあるはずで、「北及《きたおよび》」という地名の場所にあることは分かっている。

　新羽島駅を出発した車窓からは想像していたよりも建物が多く見られたが、黄色く色づいた稲穂の波や所々にある小さな蓮田などを眺めながら六つ目の「南宿」で下車し、東に向かって歩きだした。しばらくの間、コンバインで取り入れをする人や、鎌で稲刈りをする夫婦が団子

実りの秋を迎えた善哉の生家付近（2009年10月筆者撮影）

を食べながら休憩をしているといった風景を見ながら、地主であったと思われるような古い家屋敷を目指した。駅から直線距離にして二キロ弱ぐらいの所をあちこち探し回るが、それらしい家は見つからない。仕方なく、北及の東に接して南北に続く木曽川の大堤防に上って集落を見わたすことにした。

　木曽川に近づくにしたがって、想像をはるかに越える堤防が迫ってきた。上ってみると、水量豊かに滔々と流れるさまは一〇〇年ほど前からずっと変わっていないと思われ、木曽川が日本でも有数の大河であることが実感できる。そして、この地で高島が子どものころに遊び回っていたのか……と、その情景が想像される。

　集落内のそれらしい所に目星をつけ、さらに探すこと三〇分ほどで門構えの大きな家に辿り

道路より数段高い位置に建つ生家の門（2009年10月筆者撮影）

着いた。表札に「高島」とあり、その横に「高」の文字を入れた特注らしき大きな鬼瓦が埋め込まれていた。今、この家と田畑を守っているのは善哉の異母弟の未亡人一人である。

高島善哉は、父善郎《ぜんろう》、母ゑいの長男として、一九〇四（明治三七）年七月一三日に生まれた。善哉は、父母を次のように回想している。

「わたくしにとって、文字どおり厳父であった。大声でどなりちらす父であった。どなったあとでけろりとして、まるでなにごともなかったような顔の父であった。地震・雷・火事・親父が、まさにうってつけの表現であったろう」（「四つの体験をとおして」『自ら墓標を建つ』所収）

そして、母については以下のようである。

「いつもやさしく、陽気で、がまん強く、そしてまめまめしく立ち働く農村家庭の主婦」（「夜霧の彼方に」前掲書所収）であった。

生家は浄土真宗の信徒で、岐阜市から五キロほど南の方へ下がった岐阜県羽島郡松枝《まつえだ》村（現・笠松《かさまつ》町）の北及《きたおよび》という木曽川の沿岸の集落にあった。自らいくつかのエッセーで語っているように、そこは「濃尾平野のどまん中」で、当時は「本土から離れた片田舎」であった。後年のエッセー「桑の実のおやつ」（前掲書所収）には、生家の周りを次のように記している。

「家から百メーターもないところに、木曽川の大堤が万里の長城のように南北に走り、そこへ登って東のほうを眺めると、三百メーター以上の川向こうには尾張の国の白砂青松がみえた。そこから西のほうをむけば、美濃と近江の国境に聳える伊吹山が、そして北のほうには織田信長で有名な金華山の姿が、手にとるようにみえた」

今も生家のすぐ近くを流れる木曽川の堤防に上ると、当時に比べて田畑に民家や企業の建物が多くなって、川の水は、かつてそのまま飲んでも差し支えないほどの透明さは失われたが、日本有数の平野の一つであることが実感できる。この豊かな田園の穀倉地帯で、善哉は幼少年時代を過ごしたのである。

善哉の子どものころは、毎日の食事など生活は質素なものであった。たとえば、朝食はご飯

生家近くの木曽川右岸の大堤防上より北方を望む（2009年10月筆者撮影）

に味噌汁とお新香、弁当はご飯に里芋煮程度といったものであったという。しかし、生家は作男を抱えるほどの地主で、どちらかといえば素封家であった。祖父の善吉は岐阜の地主協会の会長を務め、隣町の笠松町に本店を置く笠松銀行の経営には支配人として生涯にわたって携わっていたし、父もそれにかかわっていた。

　笠松銀行とは、織物業者に対する融資などを行っていた美濃縞《みのしま》会社（一八八一年設立開業）を母体として、当地に一八九三（明治二六）年に開業した私立銀行である。一九一二（明治四五）年四月には名古屋銀行と合併して支店となり、名古屋銀行は一九四一（昭和一六）年に東海銀行（現・三菱東京ＵＦＪ銀行）と名を改めている。

　家から銀行までは徒歩で三〇～四〇分ほどだが、祖父は木曽川堤の下段を毎日毎日雨の日にも風の日にも決まった時間に決まった場所を、草むらを踏みつつ生涯通いつづけた。それは、やがて一本の道となったという。このような性格は、勉強などを毎日決まった時間にするというような面で善哉にも受け継がれている。一方、父は昭和の戦前期に松枝村の村長も長い間務めた。当時、村長職は村の名士が請われて就く名誉職であった。

　善哉は、道路から数段高い位置に建てられたいかめしい門構えをもった大きな家に育った。そこで、小作人が毎年年貢を次から次へとたくさん納めに来るのを当たり前のように目にしていた。

地主であった親は、わが子が小作人の子どもと遊ぶのを好まず、善哉自身もそのことを疑問に思うことはなかったという。当時を回想して、『社会科学――見かた・考えかた』で次のように述べている。

「日本の地主によくあるかたちですが、そういう家に生まれたので、子どものころのことで私の記憶にのこっているのは、小作人が年貢をおさめにくることです。

お正月頃になると、お米と俵と別々にもってきます。それを家の祖父母がはかるわけです。つまり地主が米をはかって、それを俵へいれさせたのです。そしてきれいに俵をしあげると、小作人の方で『まことにありがとうございます』とお礼をいって帰るわけです。そんな米俵がどんどん積みあげられていくと、僕らはその上へのぼって遊んだものです。そして、こういう地主対小作人の関係というものは、あたりまえのことだと考えていました。（中略）地主というのは、まわりの農民と隔離された生活をしているので、僕のような子どもでも、まわりの人と親しくなれないのです。今とちがって地主対小作人という身分関係がはっきりしていました。ですから農村にいながら、農村の人とまじわらないのです」

一九一一（明治四四）年四月、善哉は松枝小学校に入学した。エッセー「桑の実のおやつ」には、六〇年以上も前の木曽川で過ごした幼い日の思い出が綴られている。それによれば、地主の子どもではあったが、善哉の大きな楽しみは村の子どもたちとの暑い夏の木曽川の清流での水遊びや、大堤防のスロープを板に乗って滑り降りること、そして桑の実取りであったという。川底に潜って、村の子どもたちと息を止めて走る距離を競うスリル満点の遊びのことは「親には絶対にいえなかった」というほど熱中したようだ。

「青い草でいっぱいに覆われていた」堤防で何度もひっくり返りながらも、板での滑りを楽しんだ。そして初夏、堤防の下に実る桑畑からの贈りものも、口がどどめ色に染まって「歴然と証拠があとに残る」ので「親の小言の種がまた一つふえることになる」と言いながら、仲間たちとの楽しいおやつであったようだ。

　子どものころから「元来、読書好きで、勉強

現在の松枝小学校（2009年10月筆者撮影）

家であった」と振り返っているが、当時の田舎のことであるので「文化」というものからは遮断されており、地主の家でありながら書物らしい書物はほとんどなかったという。

小学校のころ、かろうじて満足を得た読書というのはお伽話で、「巌谷《いわや》小波《さざなみ》」という名前はいつまでも脳裏に刻み込まれることになった。このような書物を人から借りたり買ったりしては乱読するだけでなく、外国のお伽話もたくさん読んだ。また、父が買ってくれた子ども雑誌の〈少年世界〉や〈日本少年〉が届けられる日を毎月心待ちにしていたようだ。そして、中学へ入学するころになると、学校の勉強を終えたあとに霧隠《きりがくれ》才蔵《さいぞう》とか猿飛《さるとび》佐助《さすけ》といった講談ものの手のひらサイズの本（当時、「豆本」と呼ばれていた）を布団に潜り込んで読みあさった。通学のとき、歩きながら豆本を読むというほどこの世界にのめり込んだ時期もあった。

しかし、隣村の笠松に電燈がついたのは善哉が小学校入学の年であり、中学一年生になるまで松枝村にはまだ電気が通じていなかったのだ。つまり、善哉は雑誌や豆本を読むのも、教科書を通しての勉強もランプの光でしていたのである。

とはいえ、それらの本だけでは善哉の読書欲を満足させることはできなかったようだ。もっとさまざまなジャンルの本を読みたかったが、その夢は叶えられることはなかった。唱歌は苦手だったという善哉、どうやら小学校時代は教科書などを中心とした本ばかりを読む生活をしていたと考えられる。

▽ 県立岐阜中学時代

大正初期は、松枝村を含む羽島郡全体でもかぎられた家庭の子弟のうち一人か二人しか中学校には行けなかった。そのような時代に善哉は、義務教育の小学校六年を満一二歳で修了したあと、一八七三（明治六）年に創立され、旧制中学としては全国屈指の歴史をもつ県立岐阜中学校に進んだ。中学校入学当時のことを、後年、孫のインタビュー（「高島善哉の一生」）に対して答えているので要約して紹介しておこう。

一九一七（大正六）年の合格者・入学者二〇〇人のうち、国語と習字と算術の三つからなる入学試験では二番の成績であった。一番になれなかったのは、算術の一つの問題に分数で答える際に約分を忘れ、減点されたためであった。一番で入学したのは、のちに詩人となった近藤《こんどう》東《あずま》だった。

当時、岐阜中学は成績の上位四〇人だけで「甲組」という特別クラスを編成していたが、一年の一学期の終わりには一番になった。その座から滑り落ちることがどうしても嫌だったようで、家に帰ればすぐに勉強にとりかかるという生活をつづけたらしい。一流の上級学校に進みたいというのが唯一の目標だったのだ。エッセー「眼と私」などでも語っているように、都会の青年にい、ひけをとるまいという負けじ魂でもって、休まず猛烈に勉強をしたのである。

　岐阜市の中心部にあった岐阜中学への通学には二時間近くを要した。途中、少しだけ美濃電気軌道（のちに名古屋鉄道に合併）の郊外路線である笠松線の部分開業区間を利用したが、大部分は徒歩による通学であった。朝六時半ごろに家を出て、夕方五時ごろに帰宅するという生活を雨の日にも風の日にもつづけ、ほとんど皆勤であったという。健康状態がよかったからこそ可能であったわけだが、日々の通学が「身体に非常によかったわけだ」と振り返っている。また、学校での体操や軍隊教練も身体を健康にするのに役立ったという。当時の日本政府は、中学生を「軍人の卵」として考えていたのである。

長良川沿いに建つ県立岐阜高校（岐阜中学の後身、2009年10月筆者撮影）

帰宅後は、村の少年たちと交わることもなく、門を入ってすぐ右手の、門と母屋の間にある建物内で毎夜一二時ごろまで教科書以外にはほとんど目もくれず、ただひたすら学校の勉強だけをつづけるという中学時代を送った。在学中はずっと一番を保ち、模範生としての日々を過ごした。勉強は好きで、もっとも得意な学科は英語であった。朗らかで人柄がよく、すぐれた英語教師であった篠崎先生には人間的な魅力を感じていたようで、そのことが英語が好きになった遠因であったかもしれないと回想している。後年、東京商科大学で同窓となった友人の金子泰蔵が経営する東京の「一橋学院[1]」という大学予備校でたまたま中学時代の恩師にめぐり会えたのは思いがけない喜びであった。篠崎先生は、退職後に一橋学院の英語の講師となっていたのだ。

中学三年生のころ、中学校で学ぶ五年間の英語や国語、漢文といった教科は、参考書を脇に置いて教科書に書いてあることはすべて学び終えてしまっていた。理科がちょっと苦手だったが、それでも平均点は九三点か九四点であったという。その一方でインタビュー「私の経済学を語る」(『人間・風土と社会科学』所収)によると、中学時代には「刺激がないし、本がないし」、ほとんど読書らしい読書をすることなく文学に傾倒するような機会にも恵まれず、その方面に強い影

(1) 一九五一(昭和二六)年に創設された大学受験の予備校で、東京都新宿区高田馬場にある。経営母体は学校法人金子教育団。

響を与えてくれるような教師にもめぐり会うことはなかったと言っている。

エッセー「夜霧の彼方に」では、中学時代の善哉がもっともうれしく甘く温かい思いに浸ることができたことについて触れている。岐阜中学に隣接する岐阜県病院（当時、のちに岐阜大学医学部附属病院）に入院している母の「お手伝いをするという口実で」父から「母の病室に下宿することを許され」て過ごした短い日々のことである。

母は、「過労と栄養不足」からであろうか肋骨カリエスを患って二度手術を受けたが、その二度とも母のそばで寝泊まりすることができた。六人兄弟の長子にとって母を独り占めできたことは、ほんのひとときであるが農村地主のいかめしい構えの家から解き放され、若き母と子だけの温もりの世界に浮遊できたことを意味している。このときの嬉しさは、六六歳となった「今でも私の脳裏に残っている」と回想している。

今は、岐阜中学の後身である岐阜県立高校も岐阜大学医学部附属病院も移転しており、当時の場所にはない。そのころは、岐阜中学も岐阜県病院も岐阜駅の北方、岐阜の街の中心部にあった。そこから近く、北東方向には織田信長の居城ともなった岐阜城があり、岐阜市のシンボルとも言うべき金華山の勇姿を間近に望むことができた。

第2章

東京商科大学の学生時代

▽東京商科大学予科への入学

当時、中学を卒業して大学に進むには、三年間の高等学校を卒業して大学を受験するか、特定の大学への進学を前提にした教育機関である三年制の予科を修了して当該大学の学部（本科）に進学するという二通りのコースがあった。当時、予科をもっていた大学は官立の「東京商科大学」（現・一橋大学）、そしてもう一つは「北海道帝国大学」（現・北海道大学）であった。

東京商科大学の予科は、単科大学の商大において予科は不要という文部省（現・文部科学省）の強硬なる姿勢に対して、予科の教育を通して学風を守り育てなければならないという学内関係者の熱意でもって、一九二〇（大正九）年四月、東京高等商業学校が大学に昇格したときに同時に開設された。そして、東京商科大学は、大学本科、大学予科、附属商学専門部、附属商業教員養成所という学内構成となった。

高等学校と同じレベルの教育機関である予科は、修了すればそのまま無試験でその大学に入学できるという点で高等学校とは異なっていた。したがって、カリキュラム上、予科では高い教養教育を行うと同時に、大学での専門的な学問研究に進むための予備的かつ概論的な科目も大学の教員が兼任するという形で多数開講することができた。学生の側からすれば、大学受験に備える必要がないうえ、自由に好きな勉強に没頭することができるという利点があった。

旧制中学校の修業年限は五年間であったが、入学試験に合格しさえすれば、四年修了でも旧制の高等学校や大学の予科に進学することができた。善哉は、一九二一（大正一〇）年三月、岐阜中学四年修了時に、大学に昇格したばかりで、全国の青年の憧れの的となった東京商科大学予科を受験して合格した。

祖父は、善哉が東京へ行くことには反対であった。しかし父親は、田舎の地主として生涯を送るのではなく、善哉をできたら実業界で出世させてやりたいという気持ちや銀行家にするつもりでもあったのか、商大予科の受験には賛成したという。

一方、善哉自身はどうであったかというと、しっかりとした目標をもってのことではなかったようだ。経済学を勉強したいとか、学問を究めたいとかという気持ちもなかった。ただひたすら、一高か商大の予科へ入りたいという自分の優越感を満足させたい思いからの受験であった。それが理由なのか、中学の担任にも相談していない。また、一九一八（大正七）年、中学二年のときに米騒動(1)が勃発したのだが、その意味を知ろうともしなかった。中学時代までは「社会科学の社の字も知らなかった」模範生だったと『社会科学――見かた・考えかた』で語っているが、まさに商大受験は偶然のことであったようだ。

一高と商大、どちらを受験するかと考えているときに岐阜中学の先輩で商大在学中の酒井正三郎（大正一三年本科卒、のちに名古屋高商教授）を訪ね、酒井にすすめられて「引っぱり込まれて」（「学問・人生・社会」（Ⅰ）、関東学院大学経済学会研究論集『経済系』第一一九集、一九七九年三月）しまったと語っている。

　善哉が受験した当時、東京商科大学は本科、予科、専門部、養成所ともに東京の神田区一橋（現在の千代田区一ツ橋二丁目）にあった。しかし今、この一ツ橋二丁目には、東京商科大学の旧キャンパス跡であることを伝える表示などは何もない。一橋大学の後援などを目的とする「社団法人如水会」の近代的な高層ビル「如水会館」があり、一橋大学大学院の研究科の一つである国際企業戦略研究科と一橋記念講堂が入

一ツ橋交差点より如水会ビルを望む（2009年10月筆者撮影）

っている一〇〇メートルを超える超高層の「学術総合センタービル」（旧一橋講堂の跡地に建てられた）もあることはあるが、そのほかには共立女子大学や企業のビルなどが建ち並んでいるだけで、東京商科大学があったことを思い起こさせるものは何もない。

予科の受験当時のことを、一九八四年に行われた孫によるインタビュー「高島善哉の一生」などから要約して紹介しておこう。

それまでは名古屋にさえ行ったこともなく、岐阜以外に大きな町というものを知らなかった善哉は、受験のために初めて東京に出た。一人で約一二時間の鈍行列車に揺られ、日本橋の「丸善」の近くにあった叔父の家に泊めてもらい、受験会場にも一人で向かった。

入学試験に際しては、中学のときの校内試験と同じく何の心配もすることなく、所定の席に座りさえすればもうこっちのものだと自信満々だった。その試験のでき具合は、数学がちょっと難しかっただけで、英語をはじめとするほかの科目はほとんど満点に近かったという。とはいえ、初めてのことであったため合否については多少の不安があった。受験後はすぐに松枝に帰ってしまったので合格発表を見に行くこともできないし、それを頼める人もいなかった。

（1）一九一八（大正七）年、米価暴騰に対して富山県魚津町の主婦たちが米の移出禁止を求めて港に集まったのを端緒に、米価の引き下げ要求の暴動は全国に波及した。政府は新聞報道を禁止し、警察・軍隊を出動させて弾圧した。米騒動は自然発生的に起こったものであったが、その後の日本の社会運動を活発化させる契機となった。

帰郷後、予科から通知があるものとばかり思っていたがそれがなかった。受験した以上は通りたかったわけだが、だめならもう一年、中学五年をやればいいと諦めかけていた四月の初め、東京神田の洋服屋から手紙が届いた。

「この度は合格おめでとうございます。うちで服をこしらえてください」

しかし、これは誰かのいたずらではないかという疑念を抱いた。手紙の内容が本当ならば『官報』に載っているにちがいないと教えられ、すぐさま小学校の向かいにあった村役場にかけつけて見せてもらった。

一九二一（大正一〇）年三月三一日付の『官報』（第二五九六号）を見ると、「東京商科大學ニ於テ同月ヨリ豫科ヘ入學ヲ許可スヘキ者ノ氏名イロハ順左ノ如シ」として二〇六名の氏名とそれぞれの出身府県が記載されており、そのなかに「岐阜　高島善哉」とまちがいなく載っている。

つまり、商大は校内に発表するだけで、本人宛には通知をしなかったのである。

「これは本当だ、誰かがいたずらしたわけじゃない」というわけで、家族みんなが喜んでくれた。

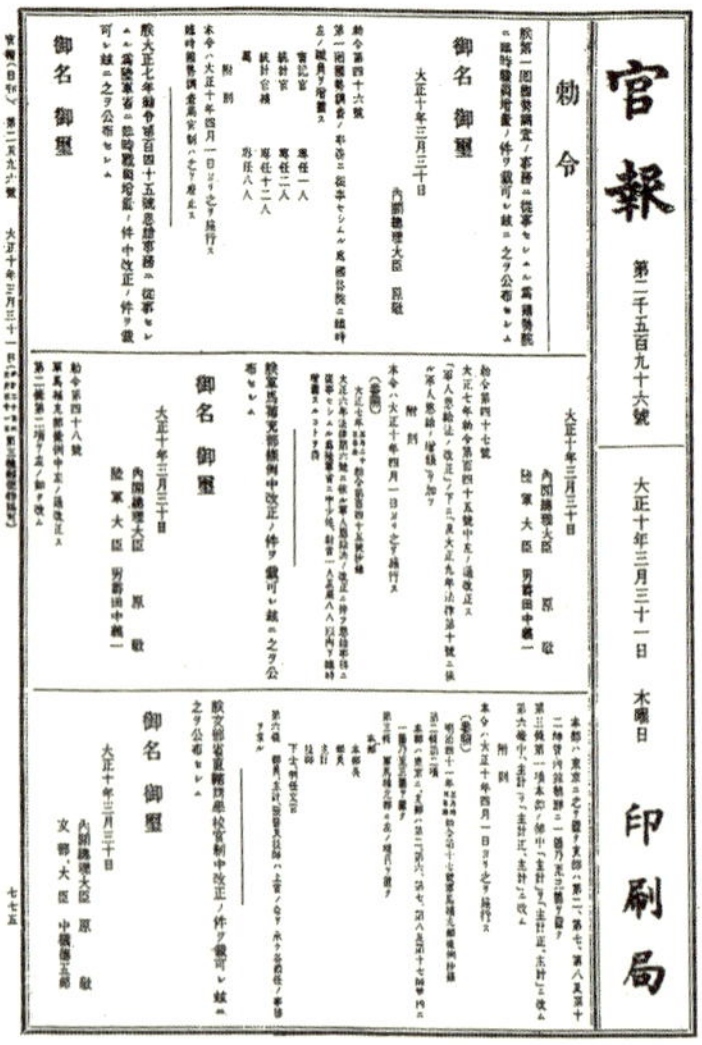
官報
第二千五百九十六號
大正十年三月三十一日　木曜日
印刷局
勅令

『官報』の最初のページ
1921［大正10］年3月31日付

とりわけ、母が心底喜んでくれたことは善哉の心のうちに深く刻まれることとなった。「早く東京に行かなければならない」と、布団やそのほかの荷物をまとめるやら、母子ともにいろいろ大慌てになったという。満一六歳のときであった。

　合格を知った直後のことを、『社会科学――見かた・考えかた』で次のように回想している。

「非常にうれしくて、鳥打帽をかぶって」商大予科合格の挨拶のために中学に行った。一流校に入れたし、同級生はまだこれから五年生をやるということもあって、心のなかは優越感でいっぱいであった。しかし、校長の反応は「どうしてそんな学校へ行くんだ」というものであった。岐阜中学の成績がトップなら、名古屋の第八高等学校[2]から帝大（現・東京大学）へというコースが当時の人々の考え方だったのだ。

「これはしまったという気持ち」も少しばかり頭をもたげたようだが、「商大というのはいい学校だ」という思いはのちのちまで変わることはなかった。それがゆえ、この東京商科大学の予科入試に合格した嬉しさも善哉の脳裏にいつまでも残りつづけた。

　その年の東京商科大学予科の「入学志願者の数は一七七二名、前年度の四五パーセント程度に

（2）一九〇八（明治四一）年に愛知県名古屋市に設置された官立の旧制高等学校。一九四九（昭和二四）年、新制名古屋大学に包括、改組された。

激減した」。「これは猛烈な前の競争に照らしてのことであろう」（『大学昇格と篭城事件』）し、入試の前に株価が暴落したことも影響したのではないかとも言われているが、それでも八・四倍という高い倍率であった。「合格、入学者は二一一名」であったわけだが、そのなかには、加瀬俊一、金子泰蔵、正田英三郎、高橋貞樹、萩原忠三、山田雄三らがいた（合格者数がなぜか『官報』と異なる）。

中学四年終了で念願の商大予科入試が叶ったわけであるが、後年、『社会科学――見かた・考えかた』やインタビュー「高島善哉の一生」のなかで中学時代のことについて次のように振り返っている。

「学校の授業と受験よりほかに眼をむけることがほとんどなかった」

そのことで基礎的な勉強ができたということはあるが、「これが私の一生にとって、肉体的にも精神的にも、非常に大きなマイナスだった。もっとそうでない方に若いときのエネルギーを使うほうがいいと、後から考えるとそう思う。たとえば、音楽はあまりできなかったけども、それでもバイオリンぐらい弾きたかったし、文学のものをもっと沢山読みたかった。学校の教科書ばかり勉強していたのでは、若いときに伸びるものが伸びて来ない」。

▽東京商科大学予科の学生時代

一九二一（大正一〇）年四月初め、善哉は学生生活をはじめるために上京した。母はそのとき病床にあったが、いつも通り静かでやさしかったという。

予科入学後、当初は受験のときに泊めてもらった叔父の家に厄介になっていたが、そこは陽もささない狭い裏通りに面した二間だけの家であったことから、岐阜での生活とのあまりの違いのために憂鬱な日々を送っていた。そんなとき、母が三七歳の若さで善哉を頭とした六人の子どもを残して他界した。五月八日のことであった。父が母の死去を知らせてきたのは葬式がすんでからであったが、それは親元を離れたばかりのわずか一六歳の子どものことを考えての親心からであった。

「母の思いがけない死去の知らせに下宿の一室で大声をあげて泣いた」（「四つ体験をとおして」より）

善哉はすぐさま父に手紙を書いた。泣き顔などを見せたことのない父が、その手紙を読むや人目もはばからず泣いたという。善哉にしてみれば「急死」であり、「生まれてはじめて運命の不条理を知った」のであった（「夜霧の彼方に」より）。そして、『社会科学――見かた・考えかた』のなかでは次のように述懐している。

「そのときはじめて、この広くさわがしい東京の真中に自分はひとりぼっちなのだ、という孤独感を味わいました」

予科入学のため、初めて母のもとを離れるときに「夏休みの再会さえ考えるゆとり」はなかったが、五〇年経ったあとも「私の思い出の中に生きている母はいつまでも若い。……あのころの母の顔形をはっきりとみることができる」（「夜霧の彼方に」）と言っている。

その後、早稲田大学に近い牛込の弁天町に下宿を探して移り、東京の生活にも徐々に慣れていった。そして最終的には、現在は文京区となっているが、小石川の高台の閑静な住宅街の小日向台町の賄い付きの個人の家に下宿し、予科時代はずっとそこで生活をした。

当時、先にも述べたように東京商科大学は本科をはじめとしてすべてが神田区一橋通町にあったので、雨などの日を除いて学校までは通常歩いて通った。神楽坂を抜け、飯田橋から靖国神社の前に出て九段坂を下り、お堀に沿って学校へ向かうというコースである。途中で、正田英三郎と一緒になることも多かったという。神楽坂も九段坂も現在よりはずっと急な坂道で、三キロメートル強の道のりではあったが、中学時代の通学に比べればはるかに楽なものであっただろう。

当時の下宿代は部屋代だけで七、八円と安い所もあったが、一五～一六円もする普通の民家に下宿し、そのうえ朝晩の食事も用意してもらった。アルバイトもしないという、毎月五〇円の仕送りによる東京での学生生活は経済的にはたいへん恵まれたものであった。もちろん、予科一年間の授業料である三五円（大正一〇年度以前入学者、その後は五〇円）はそれとは別に親から出してもらっていた。

そのころの日本は、ちょうど第一次世界大戦後の好景気がまだつづいていた時代であり、日本における最初の自由主義の時代で、大正デモクラシーの爛熟期であった。学生の就職難もなく、物質的な不安もない時代であった。

昼食は、学校の食堂ですませばカレーライスが一五銭、甘いアヅキが五銭で空腹を満たすこ

善哉の通学路であった九段坂の現在（2009年８月筆者撮影）

とができ、神保町では三〇銭で豚カツを、駿河台下のカフェー「ブラジル」(現在ある「ぶらじる」とは別)ではランチを五〇銭で食べることができた。それに、五〇銭あれば活動弁士である徳川夢声の活動写真を観てコーヒーを楽しむこともできた。

　映画や芝居を観るとか音楽を聴くとか寄席に行くとか、友達といっしょに山へ遊びに行く、そのうえ学校の勉強もできるという素晴らしい生活がこの世の中にあるのかと、田舎の生活では夢にも思えないような文化的なものがたくさんあるという東京の生活に圧倒されてしまった。とくに、学校近くの神保町には現在以上の古本屋が並んでいて、それぞれの店にたくさんの人が押しかけているのを見てびっくりした。その古本屋街を、学校の昼休み時間や放課後の空き時間を見つけては一軒一軒片っ端から覗いて歩き、さまざまな書物を読んだりした。

　ときには日本橋の丸善まで足を延ばし、日本橋ぎわの寿司屋に立ち寄って三〇銭で寿司を食べるのも楽しみだったようだ。これらすべてが勉強となり、田舎ではまったくできないことばかりであった。そのせいだろうか、東京へ来て初めて本当の勉強ができるようになったと実感し、急

現在の神田古書店街
(2009年10月筆者撮影)

速に学問に対する情熱がかき立てられていった。

　その後、本科に進んでからは、下宿を出て茗荷谷にあった岐阜県の寮に入った。ここでは、食費や諸費用も含めても一五円くらいで済ますことができたので、これまで以上に生活が楽になった。毎月の仕送りである五〇円から寮費を払った残りは、本を買ったり小遣いとして自由に使うことができた。しかし、普段は質素な生活であった。友だちとの集まり（コンパ）のときには三円ほど払って酒を飲んだりすき焼きを食べたりしたが、普段は酒を飲んだりお茶を飲みに行ったりということは一切しなかった。

　東京商大予科の教育課程は、当時の高等学校と同じで、哲学、歴史、数学といった科目のほかに外国語があった。さらに、経済通論や法学

現在の岐阜県学寮（2009年８月筆者撮影）

通論といった本科で学ぶ専門科目の一般論にあたるようなものも学んだ。なかでも、外国語教育には非常に熱心で、英語は一番難しい学校と言われていた。

第一外国語としての英語は、一週間あたり一年次で一〇時間、二年次と三年次は八時間の授業が組まれていた。入学してからは、シェークスピアやアラン・ポーのものを読んだり、そのほかにもいろいろなもの読んだ。有名な文学者の作品が教科書に使われていたなど、現在の高校よりはレベルが高く、英語の得意な善哉にとってはずいぶん勉強になったという。さらに第二外国語として、二年次、三年次にドイツ語かフランス語のどちらかを学ぶことになっていた。

東京商大は善哉の予科入学の前年に大学に

第六十九條　大學豫科ノ學科課程左ノ如シ

學科目＼學年	合計每週時間數	每週時間數 第一學年	每週時間數 第二學年	每週時間數 第三學年
修身	三	一	一	一
國語漢文 漢文	四	二	二	
國語漢文 作文及書法	四	二	一	一
國語漢文 國語	（三）			（三）
第一外國語（英語）	二六	一〇	八	八
第二外國語	（三）四		四	（三）
歷史	八	（日本史東洋史）四	（西洋史）二	（西洋史）二
地理	四	二	二	
哲學概説	二			二
心理及論理	二		二	
商業通論	二	二		
簿記	五		二	三
經濟通論	四		二	二
法學通論	三		三	
民法總論	二			二
數學	三	二	一	
商業算術	三	（珠算）一		二
化學	二	二		
物理	二	二		
電氣及機械工學	二			二
自然科學總論	二			二
體操	九	三	三	三
合計	九九	三三	三三	三三

第二外國語ハ佛蘭西、獨逸二國語ニ就キ其ノ一語ヲ選修セシム
第三學年ノ第二外國語及國語ハ之ヲ選擇科目トシ二者其ノ一ヲ選修セシム

第七十條　所定ノ學科目ノ外隨意科目トシテ或學科目ノ授業ヲ開クコトアルヘシ

大正13年の予科の学科課程

昇格したばかりで、新興大学の意気に燃えており学問的な雰囲気が充満していた。しかし、当時の予科の授業には算盤や簿記、習字などもあってばかばかしくも思っていたようだ。このような東京高商時代の遺物が多すぎて、こんなことがつづくのならばこの学校を辞めようかと初めのうちは思ったという。

「高商的遺物」に驚いたのは善哉だけではなかったようだ。同じクラスで、のちに日本共産党の創設者の一人となり、部落解放運動の闘士にもなった高橋貞樹は、「愛想をつかして」一学期で辞めてしまったという（「私の経済学を語る」『人間・風土と社会科学』所収）。

善哉が入学したころの予科生の意識について、善哉は〈一橋新聞〉予科版（一九三九年四月二五日付）に「社会認識の出発」を寄稿し、次のように書いた。

「予科生は商科大学予科生であるにも拘わらず、いつでも哲学や文学を求めた……。予科が初めてできた頃は哲学への欲求が熾烈であった。我々はそこでスケデュールの中に哲学の講義を取入れるために戦った。この場合哲学は学問意識そのものの意味で、哲学のための戦いは高商的遺物に対する反抗に外ならなかったのだ。文学への熱情でさえもがそうであったと言える。……簿記や商業学は彼等にとって永遠にDismal science であるだろう」

商科大学実現にひと役買っていた福田徳三にとっても、高等商業の延長としか考えられないような大学は理想とするところではなかった。とはいえ、本科には偉い先生がいて、いずれは本科で本当の勉強ができるという将来への夢があったという。当時の商大のシンボルでもあった経済学の福田徳三、新カント派哲学の立場から経済哲学、文化哲学を説いていた左右田喜一郎、文明史の三浦新七、日本経済と商工経営の上田貞次郎といった先生方が学生たちの「憧れの星」であったのだ。そして予科では、のちに戦時下で国民精神を鼓吹する国民精神文化研究所(3)の中心的存在となる紀平正美という学習院（宮内省所轄の官立学校）の教授が哲学の講師をしており、この教授の人気もたいへんなものであったと言われている。

予科生のころは、商大の雰囲気の影響もあって哲学とか文学にひかれ、文学書にふけって哲学を勉強していった。「私の経済学を語る」を読むと、そのことにも触れられていることが分かる。以下に、簡単に要約しておこう。

外国文学も日本文学も乱読した。日本文学では白樺派のものが当時流行っていたが、それがもっとも気に入った。武者小路実篤や有島武郎などのもの、倉田百三の『愛と認識との出発』などを読んで感激したが、なかでもとくに有島武郎の作品には「いちばん共鳴を感じ」、ぴったり来るように思った。また、「創造的努力」という言葉がいちばん好きであった。それは、「絶えず勉強して、絶えず何か新しいものにぶつかっていこうという気持ち」であり、この言葉は生涯にわたって好きな言葉となった。

「非常にロマンティックな理想主義的な青年だった」ようであり、純真で生真面目で、正義感にあふれた青年でもあったようである。また、『経済系』（第一一九集、一九七九年三月）に掲載されたインタビュー「学問・人生・社会（Ⅰ）」を読むと、次のようなことが分かる。

当時、京都の西田哲学[4]が日本の知識人と青年たちの頭を占めており、東京では左右田喜一郎が東京商大で文化哲学という旗印のもとに鋭い哲学論文を書いていた。善哉はこの左右田哲学に感銘を受けていた哲学青年の一人であり、その影響を受けるようになったと同時に、とくに商大の熱気を帯びた哲学的ムードから強く刺激を受けた。西田哲学は理解しにくかったが、田辺元の書いたものはよく分かり、『科学概論』（一九二二年）などを面白く読んだ。

なかでも、左右田喜一郎に対しては「神様みたいに」思っていたし、当時の東京商大に学ぶ者にとっては左右田博士の文化哲学は「憧れと誇りの的であった」という（「私の学生の頃」『学生評論』一九四六年一〇月）。その影響で、善哉はリッケルトの『自然科学的概念構成の限界』（一八九六年）などをよく読んだという。本科一年の初めには、学友の追悼文集にリッケルトの翻訳

（3）「学生生徒左傾」対策として「我が国体、国民精神の原理を闡明《せんめい》し、国民文化を発揚し、外来思想を批判し、マルキシズムに対抗するに足る理論体系の建設を目的」に、一九三二年に設置された旧文部省直轄の研究所。

（4）日本を代表する哲学者である西田幾多郎の哲学で、西洋哲学、とくにドイツ観念論を主体的、批判的に対決しつつ、東洋思想（仏教思想）と融合した独自な哲学で、大正・昭和期の思想に深い影響を与えた。

を寄稿したほどであった。また、ヴィンデルバントやカントにも手を伸ばしていった。

第一次世界大戦後の澎湃《ほうはい》として興った自由な文化、自由な空気のなかで、「田舎からぽっと出の」善哉がただただ真面目に何かを求めていた気持ちに、これらの文学や哲学が触れて心を動かしたのであった。そのほかにもう一つ、青年時代の善哉には第三の重要となる興味の分野があった。そ

岡本正作君の面影とリッカート

――この拙き翻譯を故き友の御前に捧ぐ――

高島善哉

　それは丁度火曜日であつた。　勤勉な岡本君がその日の獨乙語に欠席しておるのを知つて訝しからず奇異の感に打たれた。　然し別に深くも穿鑿せずにその日はそれで濟んでしまつた。　然るに翌日の高等数学の時間に又岡本君の姿が見えないのを知つた。　自分達は稍不吉な豫感に觸れた様に思つたがそれでも、もうプロゼミナールが無いのだから何かの都合で歸宅したのぢやないかとも想像をしした。　そして君は木曜日にも金曜日にも來なかつた。　長島君から君の臥床を聞いたのは金曜日の午後であつた。　それで山田君と一諸に中野へ出かけて行つたのは漸く土

153

リッケルトの翻訳を添えた追悼文

れは、経済学を中心として、社会学とか政治学というような社会科学の分野であった。後年、善哉にとってとくに印象深く想い起こされたことは、東京商科大学の福田徳三と京都大学の河上肇との間に交わされた論争である。

大正の末期は自由主義の時代であったわけだが、日本の「社会科学」というものが曲がりなりにも一本立ちしかけたころでもあった。それまでは、「社会」という言葉を口にしただけでも危険分子だと思われていた時代で、「国家科学」とか「国家」という言葉を使わなくてはならなかった。ところが、第一次世界大戦の結果、ロシア革命が起こるなど世界の様子がさまざまに変わっていった。日本でもその余波を受けて「社会」という言葉を使うようになったし、「民主主義」という言葉も初めて一般の人が使えるようになってきた。このような状況の変化をもふまえて、社会科学の勉強も行われるようになってきた。とくに、河上肇をはじめとする思想家が現れてきて、マルクスの「史的唯物論」に関する講義を活発にやりだした。河上は〈社会問題研究〉という個人パンフレットを毎月刊行して、そこを舞台にして盛んに啓蒙運動を展開した。そして、それに対する福田徳三の批判が若者に非常な刺激を与えたという。

生真面目で理想主義的な青年であった善哉は、〈社会問題研究〉などはかかさず読んだ。しかし、そのころは「勉強する」という態度で読んでいたのであって、まだ社会観、人生観、世界観を変えるというようなところまではいかなかったという。それでも、徐々に河上・福田論争などから社会主義への関心をもつようになり、またツルゲーネフの『父と子』や『処女地』などから、予科での勉強とは直接の関係なしに社会に眼を向けるようになっていった。

一九二二（大正一一）年の予科二年生のとき、改造社[5]の招きによってアインシュタイン博士が来日した。一一月一七日から一二月二九日までの滞在中に日本各地で八回の講演会や多数の特別講義を行い、いくつもの歓迎会に出席して話をした。一一月二八日には東京商科大学でも歓迎会が開かれ、福田徳三の経済原論の講義などが行われていた赤煉瓦の講堂で話した内容は「若き日本の人々よ」というタイトルであった。

福田ゼミ三年生の一人が学生代表としてドイツ語で歓迎の辞を述べたあとに登壇したアインシュタインは、日本の芸術をたたえ、「日本人がもっと自分のものを大切にするように」、「科学者の冷静さをもって日本人はもっと日本のことを研究するように」というような内容を静かな口調で語った。（「私の学生の頃」、「よき日の学生時代」〈毎日新聞〉一九五五年八月二日より）

この年の春から予科でドイツ語を学びはじめたばかりの善哉は、「みなさんありがとう」と「日本」の二言くらいしか分からなかったが、その全スピーチは福田徳三の「流れるような通訳によって」善哉の「耳元へ送り込まれた」。四〇分にわたるドイツ語での講演がすべて終わったあと、福田の通訳は深く強く善哉の心に打ち響き、スピーチのなかの「日本のことを研究するように」という一句とともに「一生涯忘れることのできない学生時代の思い出」となった。このとき以後、

「ドイツ語の勉強に心を打ちこむようになった」わけだが、これは「まったく両博士のおかげ」と言えるものであった。

一九二三（大正一二）年、予科三年生のときの九月一日はまだ夏休みで田舎に帰省中であったが、関東大震災の揺れにはびっくりしたようだ。二〇〇キロ以上離れていても、家がガラッガラッ、ガラッガラッと、ギシッギシッ、ギシッギシッと動いた。ちょうどそのとき家の外にいたが、かなり大きく家などが揺れ動くのをはっきり見たという。東京商大では、犠牲者が五名、全学生の約四人に一人が罹災した。

一〇月になって下宿していた小日向台町の家に行ってみたところ、壁にひびが入った程度であまり被害はなく無事であった。一番ひどかった所は本所、深川のほうであった。一橋の学校も校舎の赤レンガが崩れ落ち、学校に逃げ込んだ多数の人々の積み上げた家財道具が火を呼んで、翌朝までにほとんどが焼けてしまった。揺れによる大きな損害をこうむりながらも何とか焼け残ったのは、専門部教室のあった三井ホールと図書館だけであった。購入したばかりで三井ホール内で整理中のメンガー文庫[6]などと、約三〇万冊の図書館の蔵書は、書架から散乱してしまったが運

（5）　一九一九（大正八）年に山本実彦が創立した出版社。同年、総合雑誌の「改造」を創刊し、社会改造を民衆に求めるという編集方針によって多くの読者をつかみ、当時の社会主義思想の高揚に貢献し、また多くの新進作家を文壇に送った。戦時期には軍部の圧力が強まり、一九四四（昭和一九）年に同社は解散した。

よくみな無事であった。

当然のごとく学園の再興は急がれ、大学は東京府多摩郡谷保村（現・国立市）へ移転し、予科は本科とは分離して、東京府北豊島郡石神井村（現・練馬区石神井町八丁目）に購入済みであった予科の運動場用地に移転することになった。震災後、予科は休業となっていたが、その年の一二月一日から石神井の仮校舎が完成するまでの間、東京高等学校の校舎の空き教室を借りて授業が再開され、翌年の春までそこで行われた。

予科が教室を借用した東京高等学校は日本初の官立七年制の旧制高校で、一九二一（大正一〇）年一一月に設立し、翌年の四月に神田一ツ橋の仮校舎で授業を開始し、一九二三（大正一二）年に京王線の幡ヶ谷駅近くの武蔵野の大自

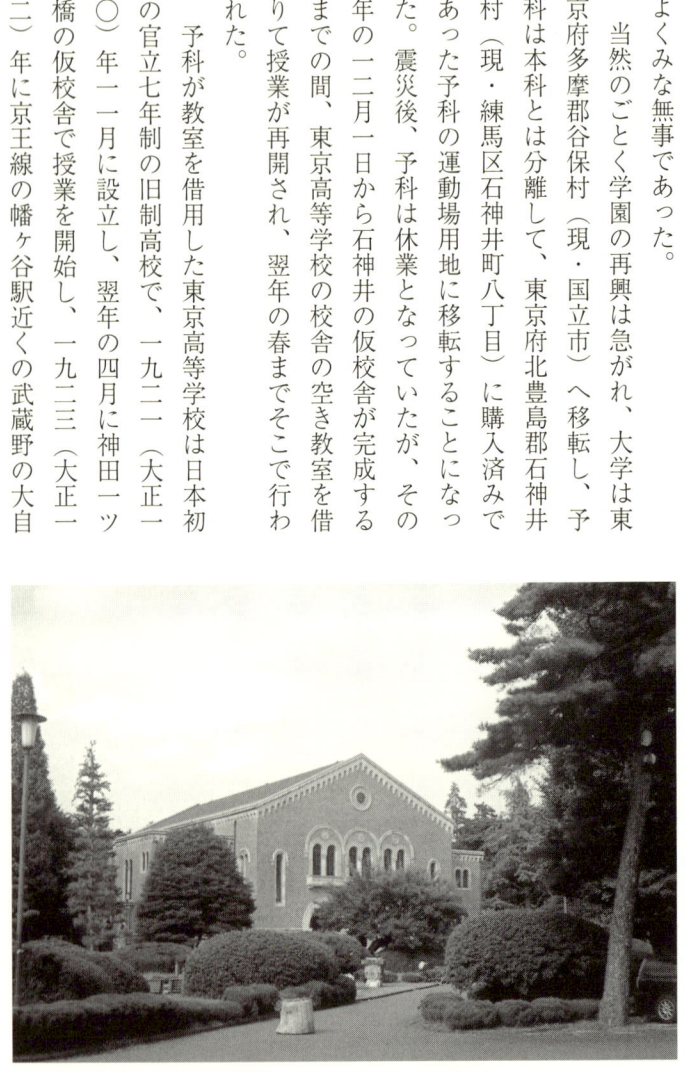

兼松講堂（2009年９月筆者撮影）

然が残る本来の校地（現在の中野区南台）に移転していたが、開校後二年目ということでまだ空き教室が多かったのである。なお、本科と専門部、そして養成所の三年生は一ツ橋の敷地に急造された木造トタンのバラック校舎で、専門部と養成所の一、二年生は渋谷の農業大学において同じように一二月一日より授業を再開した。翌一九二四（大正一三）年四月からは、予科は石神井で、その他の各部科は一橋で授業を開始した。

東京商科大学の谷保村への移転手続きが正式に成立したのは一九二五（大正一四）年九月であったが、新しいキャンパス建設は着々と進められていった。一九二七（昭和二）年には、専門部と養成所が国分寺と立川の中間にあった谷保村の北部（両者の頭文字をとって新たに「国立」と命名された）に移転し、同年秋には兼松講堂[7]も完成した。本科、事務部および図書館も移転が完了し、国立で本科の授業が開始されたのは一九三〇（昭和五）年九月であった。

（6）経済学者でオーストリア学派の創始者の一人であるカール・メンガー（Carl Menger　一八四〇～一九二一）の蔵書のうち、自然科学、哲学、文学を除く約二万冊の世界的コレクション。第一次世界大戦後に東京商科大学が購入し、現在は一橋大学古典資料センターに所蔵・公開されている。

（7）株式会社兼松商店（現・兼松株式会社）から東京商科大学に寄贈され、伊東忠太の設計により一九二七年（昭和二年）に建てられたロマネスク様式の建物で、大学の顔とでもいうべき建物の一つ。現在は国の登録有形文化財。

▽ 東京商科大学本科（学部）へ進む

善哉は、一九二四（大正一三）年四月、一九歳で東京商科大学本科（学部）に進学した。本科に進んでからは、ますます学問に夢中になっていった。先生はみんな面白いというわけではないが、当時、経済学だけでなくそれ以外の分野でも面白い優秀な先生が数人いたようだ。そういう先生はみな一流の先生で、講義が面白くて大学へ行くのが楽しみであったという。かつてのような受験のためということではなく、すすんで勉強をするようになっていた。

と同時に、本科に進んだ年に開設された日本初の新劇の常設劇場である築地小劇場[8]に行って演劇を観ては若い血をおどらせた。なかでも、山本安英とか岡田嘉子などの舞台にはよく通った。それ以外にも歌舞伎や映画を観たりするのが楽しみであった善哉は、さまざまな芸術に直接触れることを通して、机上の書物からだけでは得られない豊かな感性を身につけていった。

現在、地下鉄日比谷線の築地駅近くにあるＮＴＴビル（東京都中央区築地二丁目一一番地）の壁に里見弴《とん》の書による記念の銘板「築地小劇場跡」が埋め込まれていて、善哉が通ったころを偲ぶことができる。

バイオリンにも一時熱中し、一台を手に入れて教室にも通った。寮の風呂場で毎日判を押したように決まった時間に練習したので、寮生からは「もう七時半か」と時計代わりにされていたらしい。しかし、センスのなさも有名になり、まもなく限界を感じて断念したという。また、本科一年のときの一一月に、グスタフ・クローン指揮、東京音楽学校(9)のメンバー総出によるベートーベンの第九番シンフォニーの全曲初演を聴きに行っている。このときの感激は生まれて初めてのものであったと、のちに当時を振り返って何度も語っている。

このような演劇やコンサートで受けた感激は、生涯忘れることのできないものとなった。善哉自身の体験からだろう。一七〜一八歳から二二〜二三歳までの青春時代にどういうものを観て、どんな書物を読んだかということがその人間の一生の読書の基礎となり、その人の人生観なり社

---

(8) 土方与志と小山内薫が一九二四（大正一三）年に開設した日本初の新劇の常設劇場で、劇場付属の劇団名でもある。チェーホフやゴーリキーらの海外演劇の紹介を中心に日本の作家の創作劇の上演も行い、新劇運動の拠点となった。劇団からは、のちの演劇界で活躍する多くの人材を輩出した。一九二八年に小山内が死去し、翌年に劇団は分裂した。建物は、戦時下での統制強化により国民新劇場と改称したが、一九四五年三月一〇日の東京大空襲で焼失した。

(9) 一八八七年（明治二〇）年、東京府下谷区（現・東京都台東区）に設立され、一八九〇年に開校された官立の唯一の音楽専門学校。当初は西洋音楽の教育を中心としていたが、のちに邦楽の教育も行い、音楽家・音楽教師・音楽鑑賞家を養成する中心的教育機関となった。一九四九（昭和二四）年に東京芸術大学に包括された。開校時の本館・奏楽堂は上野公園内に移築され「旧東京音楽学校奏楽堂」として現存している。

会観なりの基礎をつくるものではないかというように考えるようになったのである。

また、寮生活であったこともあり、トランプや碁を覚えて一通りはできるようになったし、麻雀も早く覚えたほうであったが、あまりしょっちゅうやることはなかったようだ。相変わらず、哲学書や文学書を読みつづけていたのである。このような生活を送った善哉について、学友の萩原忠三は〈一橋新聞〉の一九二五（大正一四）年三月一日付の記事のなかで「いつも無口の高島君」と書いている。

▽本科一年——一人の恩師との出会い

東京商科大学の本科では、ドイツの大学で行われていた「ゼミナール」に近い制度を取り入れて、ゼミナール形式での研究指導が行われるようになっていた。このような指導方法は部分的にはほかの一、二の官立大学などでも試みられていたが、福田徳三が強力な推進者となって、日本の大学のなかではもっともユニークなものとして東京商科大学の学問を豊かにする栄養源となったものであり、その学風を育む温床となって道場の役割を果たすことになった制度である。ゼミナール形式が実質的に採用されたのは大学昇格以前の明治三〇年代であったが、大学に昇格するに際してはそれが制度化され、さらに一年次にプロゼミナールの制度が付加された。

善哉たちが入学した当時のプロゼミナールでは、決められたテキストを読んでそれを学生が報告し、担当教授から指導を受けるというのが常であった。二・三年次は「本ゼミナール」といい、あまりテキストは使わずに各学生の報告を中心にして、主に卒論に結びつく指導が行われていた。本ゼミナールの様子は、一九二五（大正一四）年一月一日付の〈一橋新聞〉に掲載された「ゼミナール評判記」というコラムで知ることができる。このコラムに投書した福田ゼミナールの学生の「日常報告に厳。各報告の集成即卒業論文」という見出しの短評の一節を紹介しよう。

「問題が経済原論及政策、経済学史、社会政策に関するものである限り、我々は先ず研究題目を決定する。そしてその題目の部分部分の専攻が成就する毎にそれを若干の原稿に書き上げて報告をする。かくて研究が順調に運ばれて行く限り、卒業論文はそれ等時々の報告論文を集成する事によって自ら得られる事となる」

当時、東京商大では左右田哲学[10]が支配的であった。一九五〇年に書いたエッセー「私の読書遍

---

(10) 新カント派に学んだ左右田喜一郎が母校や京都帝国大学文学部で講じた独自の経済哲学で、貨幣論を素材にして概ねリッケルトに依拠して展開された。

歴」（『自ら墓標を建つ』所収）によれば、「私もまたそれに心をひかれた。……文化価値という言葉は当時の私にとって空高く輝く導きの星であった」という。

左右田哲学にひかれた善哉は将来哲学者になろうと決心して、プロゼミナールの参加申し込みに際して左右田ゼミナールを選んだ。しかし、まもなく、その年から左右田ゼミナールは開かれないことが明らかになった。それならば経済学をやろうという気持ちになり、「福田先生の門に参じて社会科学の学徒となることを決意し」（「私の読書遍歴」）福田徳三のゼミナールへ願書を出したところ幸いにも参加が許された。哲学や文学を捨てたわけではなかったが、何よりも東京商大に入った以上は福田のもとで学ぼうという思いがあったこと、そしてロシア革命の余波から来る時代の影響から結局経済学を選んだのだという。

一緒に本科一年に入学した学生のうち、福田徳三のゼミナールに参加を許された学生は多くはなかった。インタビュー「高島善哉の一生」によれば、福田徳三は「日本で一、二を争う先生」と言われていて、しかもその「先生が偉くて怖いから」「優秀な人でなければ、そのゼミへは来なかった」という。福田門下の大塚金之助によれば、「福田先生は、学者および論客として、行くところとして可ならざるはない当代第一級の人」で、そのゼミナールは「むずかしい福田ゼミ」であったという（大塚金之助「大学教師生活の思い出」『大塚金之助著作集』第一巻所収）。

このように、福田の指導は非常に厳しいことで有名であった。下手なレポートだと「こんなくだらない原稿はよせ」というように怒られるし、報告の途中でも「聞くにたえない」と言って部屋から出ていってしまったという。不出来の報告書だった場合は原稿を窓から投げ捨てられたとも伝えられていたし、「二回つづけてゼミを休むと除名される」（「私の大学」〈毎日新聞〉一九六六年二月二六日夕刊）のであった。大塚も最初の報告のとき、自分の「リポートをバタンとテーブルにたたきつけ」られ、その後一週間ほど「神経衰弱になった」とエッセー「大学教師生活の思い出」に記している。

善哉の友達もみんな福田にやっつけられるし、自分もやっつけられるから勉強しなければならなかった。そして、同じゼミ生に負けないようにやらなければならなかった。そんな毎日がつづいたからであろう、結局、優秀な学生ばかりが集まってきて、自ずとレベルが上がっていったという。

先に引用した〈一橋新聞〉の「ゼミナール評判記」に次のような結びの一節がある。福田ゼミナールの目指していたところが明瞭に示されていると言えるであろう。

「我々の同門は学者たらんとする者の集団である。敢て教職に止まる者と、算盤を持つ者、鋼鍬を握る者との差を問わない。渺茫《びょうぼう》たる大洋の彼方を望み、渚に立って足下に一つ一つ真理の礫を拾ふ人こそ何よりも第一に我々同門の姿であらねばならぬ」

その春から福田ゼミへの参加を許された学生は、山田雄三ら八人だけであった。しかし、早くも夏休み明けの九月には、ゼミナールのメンバーによるテキストの分担翻訳の提出期限に遅れた二人が除名となり、もう一人は自発的に退学し、それ以降は残りの五人でつづけられた。善哉は、このときのプロゼミナールの様子を「私の経済学を語る」で語っている。その箇所を要約して紹介しておこう。

プロゼミのテキストとしては、再版が出たばかりのメンガーの『国民経済学原理』(Carl Menger, Grundsätze der Volkswirtschaftslehre, 2. Aufl. 1923)のドイツ語の原書を使わされた。邦訳がなかったので翻訳して報告をするわけだが、まずければ全然聴かないで先生は部屋の外へ出ていってしまうのである。「出ていかれたらだめ」なので、その「報告が大変だった」。こうして福田ゼミナールでメンガーを読まされたわけであるが、メンガーを面白いとは思わなかった。

このような福田のもとでメンガーの勉強から経済学の門を叩いた善哉は、さらにボェーム・バベルク、フリードリヒ・フォン・ヴィーザーといった限界効用学派の勉強をつづけていった。ところが、一年後の一九二五(大正一四)年三月一二日、福田徳三は帝国学士院代表としてブリュッセルで開かれる第六回万国学士院聯合会議へ参列し、その後、ロシアのレニングラード学士院二〇〇年祭に出席するほか、ルヨ・ブレンターノを訪ねたり、ヨーロッパ各地を巡遊する目的で夫人とともに長期の出張に出発した。そのため、善哉が福田ゼミナールで直接指導を受けて学んだのは、結局本科一年の一年間だけであった。しかし、この一年間に受けた影響は非常に大きかった。

福田徳三は、一八九七（明治三〇）年から四年三か月の間ドイツに留学した。そのときに師事して心服し、それ以来「終生の師」としたのは当時ミュンヘン大学教授を務めていたルヨ・ブレンターノであった。一九二四（大正一三）年の一二月一八日は師の八〇歳の誕生日にあたり、福田は、夏目漱石も家族をつれてよく訪れた（夏目伸六『父・漱石とその周辺』）という西洋割烹の元祖で、東京・四谷にあった「三河屋」に師の等身大の肖像画を自宅から持参し、大塚金之助をはじめとする研究室の学生を招いてその祝宴を催し、老碩学《せきがく》の面影を偲んだ。ドイツ留学当時の思い出や師についての話を福田がしんみりと語る宴に出席した善哉ら福田ゼミナールの学生たちは、研究室における福田とはまた趣の異なった師への接し方を直《じか》に示されたのであった。

福田は、このときに参加者全員とともに撮った記念写真を翌年に刊行した『経済学全集　第一集』の巻頭にブレンターノの近影とともに綴じこみ、この全六集・八冊の『全集』（ほかに索引別巻）を福田自らの手で編んだ理由は師の満八〇歳を祝賀するためであると、第一集の「序」に明記した。そして、この「序」は、大正一三年一二月一八日夜半、「賀会より帰りて」書いたと附記している。

福田はいつも「世界最大の学者の最良の書物を読め」と、「とにかく触れていればわかるようになるから、それだけでもやれ」と言っていたという。この福田の言葉は、のちに大塚金之助の「口を通して聞いたときに最も大きな感銘を受け」、善哉にとって「終生忘れることのできない言葉」と言うようになり、後年、自らも学生たちにこの言葉とそれに込められた意味を伝えるようになっていったという。また、「どうしても忘れることのできない一つの訓え」であるとして、『自ら墓標を建つ』に所収されているいくつかのエッセーをはじめとしてさまざまなところでも繰り返し述べている。

福田の経済原論の講義は東京商大の大看板の一つであった。毎時間、鐘の音とともに登壇し、終了の鐘まで厳粛に情熱的につづけられる講義では教壇に近い席の争奪が繰り広げられ、大教室は学生であふれていたという。

人間、福田については、その弟子や同時代の人たちがそれぞれ回想を書いている。そのいくつかを紹介しよう。

坂西由蔵――「その深き蘊蓄《うんちく》と徹底せる論理、気迫と能弁は聴講者に刺戟と発奮を与え、彼らの間に学問的討究の精神をみなぎらせた」（福田徳三博士追憶論文集『経済学研究』の「序」）

大塚金之助――「先生の講義を聞くと誰でも勉強がしたいという気持ちを起す」（「大学教師生活の思い出」）。「博士のなかには全世界の学界の運動が反映して」おり、「世界的規模における学者であった」（「世界的規模」『大塚金之助著作集』第六巻）。

杉本栄一――「一口にいへば、福田先生は闘志満々たるお方であった。先生の眉宇に迸《ほとばし》る精悍な気迫に、ひとびとは呑まれるほどであった。正しい方向に向かって進んで行かれた先生には、妥協というものが微塵もなかった。学問は論争によって進歩すると先生はたえずいはれたが、先生の学問の世界における闘志は正に鬱勃《うつぼつ》たるものがあった」（「福田徳三先生を偲ぶ」〈一橋新聞〉号外予科版、昭和一五年七月一〇日）

赤松要――「先生は一歩一歩に石橋をたたく理論家ではありませんでしたが、天才的な把握の力、人の意表に出づる着想、寸鉄骨を刺す批判、閃光透徹する洞察力をもたれていました。同時にまた先生は語学の天才でした」（福田徳三著『生存権の社会政策』の「編者序」、のちの講談社学術文庫版では「社会政策の古典的名著」と改題・ルビ筆者）

善哉もまた、福田徳三は外国語に「きわめて堪能で英・独・仏はもちろんのことギリシャ語、ラテン語からイタリー語、ロシア語に至るまで勉強」（「人気のあった福田ゼミ」『自ら墓標を建つ』所収）して、「いつでも人にさきがけて、新刊の外国書を読み、それを人にさきがけてわが学界に紹介するのを得意とされていた」（「福田徳三先生のこと」『自ら墓標を建つ』所収）と述懐している。そして、講義のノートなどはドイツ語で書かれたものも少なくなく、善哉はそれを手伝ったこともあったという。

とりわけ、福田の「綜合的な直感」と学問的態度としての「真理愛」が善哉の心に強く響いたという。また、「真理のために学問するのだ」と言っていたことも善哉に強い影響を与えた（「学問・人生・社会（I）」）。福田自身、色紙などで書を求められると、事実に基づいて真理を求め尋ねるという意味の「実事求是」という中国清朝時代の学風を示す標語をよく書いたというが、そのような福田の学問的な態度は、善哉に非常に大きな影響を与えたようだ。後年善哉は、「福田博士を語る」（〈一橋新聞〉号外、予科版一九四〇年七月一〇日）で次のように述懐している。

「真理愛 Wahrheitsliebe の一語こそは博士がその師ブレンターノ先生より受けつがれた学問的態度を表現している。博士に師事した短い期間に何を学ぶことができたかと自ら省みて、忸怩《じくじ》たらざるを得ない私の耳朶《みみたぶ》にただ一つ、いつでも力強くこだまする言葉は即ちこの Wahrheitsliebe の一語である」（ルビ筆者）

「私の経済学を語る」のなかでも、「真理愛という言葉が先生の講義から私の思い出として残っている」と語っている。また、福田の最初の門下生の坂西由蔵の講義に接したときも「燃えるような真理愛の息吹を感じた」し、関東大震災のあとの一ツ橋のバラック校舎の教壇に立った坂西から受けたときの感激を「私はいまでも時計台の針のように鮮明に思い出すことができる」と、一九五八年のエッセー「かすれていく学塔」（『自ら墓標を建つ』所収）で述べている。「真理愛」という言葉は、それほどまでに、善哉にとってその後の生き方を根底から支えるものとなっていったのである。そして、福田のことについては、「私の心を内側ばかりでなく、同時に外側にも向けるように強い刺戟を与えて下さったのは、なんといっても福田徳三先生その人であった」（「福田徳三先生のこと」）とまで言っている。

誰もが異口同音に語っているように、福田のゼミナール指導は峻厳《しゅんげん》を極めたものであったわけだが、その指導方法について善哉は次のように述懐している。

「しかしその裏にはおおらかで些事にこだわらない江戸っ子の淡白さがあった。私が先生から直接に学んだのはこれだ」

そして、「恩師福田徳三先生の人間的な魅力にひかれていた」と述べるとともに、『自ら墓標を建つ』に収められたエッセーや「私の経済学を語る」で次のようにも回想している。

「福田博士の江戸前風の人道主義……の魅力から自分自身を自由にすることができなかった」。

「江戸っ子の啖呵を切るのが非常に魅力だった」。「福田博士は私の先生」であった。「やっぱりヒューマニスト」だった、「先生の人柄に惹かれた」と。
「立場とか思想に影響されたわけではなくて、生き生きした人柄」（「私の経済学を語る」）から、善哉は非常に強い影響を受けたのであった。

▽本科二・三年――もう一人の恩師との出会い

福田徳三が渡欧したのち、福田ゼミナールの同期五人は、本科二年になると大塚金之助のゼミナールに預けられた。米、英、独での五年近くにわたる留学から前年一月に帰国したばかりの大塚の指導のもとに、卒業論文をまとめていくことになった。

当時、大塚は三三歳であった。帰国後の大塚を学生たちがどのように迎えたかを、一九二四（大正一三）年に開講された大塚ゼミナールの一期生二人のうちの一人である安居喜造（大正一五年本科卒）は「大塚ゼミナール第一号」（『大塚金之助著作集』第九巻、月報9所収）に、「若き日の鮮烈な印象をいつまでも与えてくれる」として、大塚について次のように記している。

「颯爽《さっそう》と帰国されたのであるが、先生の高名とお人柄は早くから学内に語り伝えられていたので、

大塚先生帰るというニュースは未だ見ぬ先生への期待と憧れで若い学生の間に一種のどよめきすら起した」（ルビ筆者）

この大塚について善哉は、後年、「学問・人生・社会」や『自ら墓標を建つ』のなかのエッセーで次のように振り返っている。それらを、まとめて紹介しておこう。

「大塚さんは他の人達からかけはなれていました。『共産党宣言』を胸にして浅草をさまようといった人ですからね」。颯爽たる姿で「非常に魅力」があったし、「口から出るひと言ひと言が、若い学生たちにとって魅力と関心の的であった」。たとえば、「人は努力するかぎり誤りに落ちる」というゲーテの有名な一句が「大塚先生の口から迸り出たときに、若い私たちには魂をゆり動かすほどの魅力があった」。若いときの先生は「なっぱ服」に近い労働服を着て教壇に立っていた。それが「わざときたない格好をして来るように思われました。時世に対するレジスタンスの姿勢というかきおったところが目につきましたね。……しかし、それが私達にアピールしたのです」。そして、「大塚先生は経済学者というよりは文学的、叙情的な発想をもち、いい意味のアジテーターだった」（『私の経済学を語る』）というようなことを記している。

大正一三年度、大塚の帰国後最初の本科での講義は「経済学の方法」というものであり、「東京商科大学授業科目一覧」には記載されていないが「大正十三年度東京商科大学一覧」の職員欄には担当科目名が明記されている。福田徳三によって与えられた課題にそって研究した成果を中心としたこの講義は、この年だけ三井ホール内の小教室で選択科目として毎週金曜日の午後に行われたのであるが、ちょうどその時間には一年生の必修科目が時間割されていたため二・三年生以外は原則として聴講することができなかった。しかし、山田雄三は「経済学の方法」の講義プリントを持っており、「帰国早々の先生の講義に接した」と「福田先生と大塚先生」（『大塚金之助著作集』第一巻、月報2）に書いているので、ひょっとしたら善哉も聴講していたかもしれない。また、例外的に聴講することができた一年生の山口隆二（大塚ゼミ、昭和三年本科卒）は、「全くすばらしい講義であり、大学の講義というものはこんなすばらしいものかと感心し、東京商大へ入学できたことを心からよろこんだ」（「大塚先生の海外から帰られた最初の講義」『大塚会会報』第二号）と述懐している。

帰国二年目の一九二五（大正一四）年からは本科で「経済学史」の講義が開講され、善哉はこれを受講している。さらに、一九二七（昭和二）年からは同じく本科で「経済原論」の講義を開始した。「原論」のほうは福田徳三との並行講義で行われたわけだが、この並行講義の構想は福田の意向によるものであったという。ちなみに、一九二八（昭和三）年に大塚の二つの講義を受講した川崎巳三郎（大塚ゼミ、昭和六年本科卒）によれば、「経済原論」はマルクスの『資本論』

について、「経済学史」は一八三〇年の革命[11]と一八四八年の革命[12]についてであったという。

山田雄三によれば、並行して行われた「両先生の講義は決して皮相なイデオロギー的対立を意味するのではなく、いずれも学問的な香りの濃いものであった。……両先生の問題意識には幾分のズレがあったが、しかし学問的な態度としては、そういうズレを超えて厳しい文献渉猟と事実探求に徹するという点で、共通のものがあった」（「福田先生と大塚先生」）と言うが、川崎は、大塚のほうは「やたらに休講が多く、一年かかっても、ほんの序の口、またその序の口が終わったにすぎなかった」（「大塚金之助さんを偲ぶ」〈経済〉一九七七年八月号）と付け加えている。

また、一九二七（昭和二）年に本科に入学した平舘利雄（大塚ゼミ、昭和五年本科卒）も、「無理してドイツ留学を延長し、長い航海を終えて帰られた先生は、疲労と病弱を克服することができず、あまりゼミナールにも出られず」、講義のほうも「休講が多かった」と述べている（「大塚先生と私」『大塚金之助著作集』第六巻、月報7）。

---

(11) 一八三〇年七月、フランスのシャルル一〇世が自由主義者の多い議会（下院）を解散し、言論統制や選挙権の制限を打ち出すとパリの民衆が武装放棄し、王は亡命した（七月革命）。ヨーロッパの自由主義運動に大きな影響を与えた。

(12) 一八四八年二月、王政下で共和派や労働者による政治運動を弾圧するとパリ民衆は武装蜂起し、国王が退位して共和派による臨時政府が樹立された（二月革命）。自由主義運動や民族の独立、統一運動に大きな影響を与えた。

大塚のゼミナールでの指導方法は、福田のそれとはまったく違っていたという。二人の指導の違いについて山田雄三は、厳しく、研究心を刺激する福田の指導に比べて大塚の指導は、「率直にいって少々拍子抜けの感をいだかされたことは否定できない」(「福田徳三ゼミナール」『一橋のゼミナール』所収)と述べているし、善哉は『社会科学——見かた・考えかた』のなかで次のように語っている。

「大塚先生のやり方は福田先生のやり方と正反対でした。全然干渉しないのです。細かいことはなにもいわないで、ひとつの大きな方向というものだけを指示するわけです」

大塚がゼミナールで善哉に指示したのは、「ブルジョア経済学をやりながらそれを社会化するというテーマ」であった。大塚によって与えられたこの「経済理論の社会化」という課題は、善哉の心に深く大きく響きわたり、自分の「心の中に何かある鋭いものがひらめくのを感じた」ようだ。「迷っていた」善哉が、そこから脱出できる導きの星となったのである。のちになって分かったことであるとはいうが、ちょうどそのころ大塚自身が思想的転換の苦しみのただ中にあり、マルクスのほうへと方向転換の最中であったことも理由として、その苦悩を「理論の社会化」という言葉で表現していたのであろう。

善哉は「私の卒論」(『人間・風土と社会科学』所収)のなかで、そのころを回想して次のように述べている。

「福田先生の影響で、限界効用学派（メンガー、ボェーム・バヴェルク、ウィーザー）の勉強から経済学の門に入った私は、この派の経済学の非社会的性格にだんだんあき足らなくなってきた。ちょうどそのとき外国留学から帰ってこられた大塚先生が『経済学の社会化』という言葉で私の悩みに救いの糸口を与えて下さった」

そこで善哉は、「限界効用学派を勉強しながら、それを社会化しようと考え、限界効用学派を一生懸命勉強した」ようだ。さらにクラークやシュムペーターも研究し、「限界効用学派をいかにしたら社会化できるかと、これを卒論のテーマにし」、しかもその研究を方法論的に行ったのである（「私の経済学を語る」）。

大塚の指導のもとに書かれた卒業論文は、「純粋経済理論と、歴史的なるもの、社会的なるもの、流動的なるもの、との対立」を問題として純粋経済理論の批判へと一歩踏み出そうとしたものであった。高島門下で一九四一（昭和一六）年三月卒の山田秀雄は、晩年の談話記録「高島善哉の学問的世界――その全体像と特質」（『知の俤――山田秀雄先生追想』二〇〇四年所収）のなかで、この卒業論文は善哉にとっての「経済学事始め」であったと述べている。

善哉にとっては、福田徳三からの影響とはまた違った意味で大塚金之助からの影響は大きかった。大塚のゼミナールで指導を受けるようになってからは、大塚からの強い影響と示唆のもとに福田門下から徐々に離れていったのである。同期の山田雄三は卒業論文を大塚に提出したのだが、卒業後は福田徳三の所に戻っている。しかし、善哉は大塚の所にとどまることになった。とはいえ、福田の「世界最大の学者の最良の書物を読め」の訓えと、大塚の口から発せられた「人は努力するかぎり誤りに落ちる」というゲーテの言葉は、言うまでもなく善哉を学問の世界に導いた「二人の恩師」の面影とともに終生消えることなく心のなかに生きつづけたのである。

▽ 卒業論文

本科在学中に善哉は、「流通論に於ける『自然的』と『社会的』」と「シュムペーターの経済静学」という二つの論文を書いた。前者は一橋本科会学術部の開校五〇周年記念懸賞論文に応募し、七本あった当選論文の一本となったものであり、賞金と五〇周年メダルを手にしたうえに、同部の〈ヘルメス〉誌の五〇周年記念号とされた第四号（一九二五年一二月）に掲載された。そして、後者は同誌第六号（一九二六年一二月）に寄稿したものである。

善哉の卒業論文はこの二つの論文をもとにしており、「経済静学と経済動学の国民経済学的意義――ヨセフ・シュムペーターの一研究」と題されている。その冒頭に次の一節を掲げ、この問題に答えることが本論文全体の趣意であると言明している。

「資本主義経済の発展に伴う経済社会の複雑化の結果は、経済理論の領域にも明瞭に反映し、理論に於ける歴史的なるもの、社会的なるもの、流動的なるもの、の意義が問題となるに至った。所謂純粋経済理論に於て、此等の歴史的なるもの、社会的なるもの、流動的なるもの、が如何にしてその実際的重要を認識され得るであろうか。その実際的重要を認識し得るとしても理論上如何にして、此等のものと純粋理論とを結合し得るのであるか。この二つのものは理論上全く相矛盾する二つの事実であると考えることは果して正当なる経済学的認識と謂い得るであろうか。若し之に反して両者が合して一つの国民経済的全体、統一的経済現象を形造るものとするならば、この二つのものは如何なる理論的組織を以て科学的に包摂し得るのであるか」

ここには、善哉の問題意識が鮮明に出ている。当時、「純粋経済理論と、歴史的なるもの、社会的なるもの、流動的なるもの、との対立」を問題とすることは、オーストリア学派に対する批評としてもっとも有力なものであった。しかも、「此の種の問題は当に理論の意義を明らかにし、その妥当の根拠と認識の権利とを確立せんとする者には最も枢要な関心事で」あった。善哉は、「他の多くの人々と同じように、オーストリア学派の潮流に棹さして、内在的自己批判の間に右の中心問題に触れて見度い」と考えたのであった。

こうして善哉は純粋経済理論に対する批判の旅をはじめたのだが、このような問題意識は一九四一（昭和一六）年に刊行される処女作『経済社会学の根本問題』にも貫かれ、堅持されていくことになった。善哉自身、後年のエッセー「私の卒論」で次のように述懐している。

「今日にいたるまで、私の研究はほとんど経済学の個別問題に入ることなく、経済学の基礎前提ともいうべき領域や、経済学の方法論に関する問題に限られてきた。私の問題意識はすでに私の卒論の中に示されていた」

すなわち、「吾々は現実の社会経済生活を理解するに当り、単に純粋経済事象の範囲内にのみ止まり得るであろうか」と卒業論文で問い、そして結局は「いままでの経済学は静態的にものを考えていた。しかしほかにもっとダイナミックな考え方をする必要がある」（「私の経済学を語る」）というのが、善哉の問題意識なのであった。

では、当時善哉がなぜ静学、動学といった問題に関心を寄せるようになったのであろうか。それについては次のような記述が見られる。

「静態的とか動態的とかいう言葉が、その頃だんだんと日本の経済学界でも使われるようになっていた。当時の東京商大教授であった高田保馬先生などは盛んにそういう用語を使われたので、私なども自然にそういった問題に興味をひかれたものらしい」（「私の卒論」）

卒論の本論では、ヴィーザー（F. von Wieser）からはじまり、クラーク（J. B. Clark）とシュムペーター（J. Schumpeter）とオッペンハイマー（F. Oppenheimer）の三人の経済学者を取り上げたうえにヴェーバー（Max Weber）にも言及し、「クラークを静態優位説の見本に、シュムペーターを静態動態分離説の見本に、オッペンハイマーを静態擬制説（一種の動態優位説）の見本にとり上げ」て論じている。しかし、実際に研究を進めるにあたってその中核となったのは、当時世界的に有名であったシュムペーターの「経済静学と経済動学」説の批判的研究であった。そして、その結論としては、シュムペーターにおいては「静学と動学とは互いに独立して交渉しない」、すなわち動学と静学とが統一できないということであった。そういうことで課題が残るとして、この卒論は終わっている。また、ここではシュムペーターの経済社会学の考察はなかった。

論文の「結び」の末尾近くには、次のような締めくくりの文章が見られる。

「吾々はメンガーに行くのかマルクスに行くかは以上を以ては少しも決定されていない」

このような卒論を書いてから四〇年近く経ったときに著したのが、先に引用紹介した「私の卒論」である。そのなかで高島は次のように回想している。
「経済学の方法論に関する一研究であった。……この論文をみて下さった大塚金之助先生は一つの独創性を認めて下さったという話を後からきいたのであるが、自分としてはまだ混沌としていて、結局どういう結論に達したのかいまではさっぱりおぼえていない」

しかしながら、同時に次のように記している。
「卒業論文は学究者にとって初恋のようなものであるかもしれない。たとえ未完成であっても終生忘れることのできない何かである」

限界効用学派の勉強から経済学の研究の門に入っていった善哉の三年間の心身を打ち込んだ集大成とも言うべき卒業論文は、経済学の方法に関する研究であったのである。この卒業論文を提出して東京商科大学を卒業したあとは、再び「静態」や「動態」について語ることはなかったが、卒業論文のなかに明確に示された問題意識は、その後もずっと学問的生涯を通して堅持されていくことになる。それは同時に、このあとすぐに訪れる善哉自身の「思想的転換の下地」を整え、「飛躍と転換」を準備してもいたのである。そのような意味で、善哉にとって卒業論文は、やはり「初恋のようなもの」で「終生わすれることのできない何か」であったのである。

第❸章

「思想的転換」への歩み

▽卒業して助手に

一九二七（昭和二）年三月、高島善哉は東京商科大学第五回学士試験に合格して商学士となり、めでたく卒業した。大学本科、大学予科、商学専門部、商業教員養成所の合同の卒業式は「うららかに晴れ渡った」三一日に行われ、学士試験合格者二四一名の総代として答辞を述べたのは同じゼミナールの山田雄三であった。

慢性的不況のもとにあった日本経済がさらに未曾有の金融恐慌（昭和二年）に見舞われる前夜であったが、この年度の卒業生の就職状況は伝えられるほど不振でもなく、前年よりはよかった。高島も、本科三年の秋には三井銀行の入社試験を受けてそれに通っていたし、父親もこのことを非常に喜んでいた。ただ、なぜ応募したのかといえば、父親に「義理をたてる意味もあったし、大学へ助手で残してもらえなかったら困る」という思惑があってのことだった（「恋愛するヒマもなし」『学校時代』潮文社所収）。

しかし、結局は大塚金之助の推輓《すいばん》によって大学に残る道が開かれ、そちらを選んだ。そのころすでに福田徳三の影響で、是非学問をやりたい、真理を追究したいという気持ちに駆られていたので、母校に戻ってこれから一生経済学の学徒として勉強をしていこうという気持ちになっていたのである。

東京商大では、この年から助教授昇任および助手制度に変更が加えられた。「新たに補手の制度が設けられ、従来助教授には助手中から不文律的に昇任されていたが、今後は助手、補手中から優秀な者が選ばれる」ことになった。また、「助手は官吏で有給、補手は非公式無給、いずれも在任期間は二年、補手定員一〇名、毎年五名ずつ採用」と改められた（『一橋大学年譜（I）』）。

この新制度一年目の助手には、左右田喜一郎門下で予科と専門部の論理の講義を担当している講師の本多謙三（大正一三年本科卒、当時三〇歳）と新卒の高島の二名が、そして補手には山田雄三ら五名が採用された。

高島は、大塚の助手としてそのゼミナールに参加し、「研究指導補助」にあたっていくことになった。なお、山田は福田のもとに戻って同じく「研究指導補助」を担当した。東京商科大学においては、教員が担当する「会計学」や「経済原論」といった授業科目の一つに「研究指導」というものがあり、それはゼミナールを開講して学生の研究を指導することであった。

助手の発令があったのは卒業した年の五月二四日で、月給は七五円であった。毎月の給与とは別に助手一年目の年末には賞与をもらったが、その金額は一〇〇円という大金であった。

その年の暮れの一六日、午後六時から如水会館のホールで如水会恒例の教職員懇親会が約八〇名参加のもとに開かれた。高島はこの会に初めて出席することになったのだが、それは東京商科大学の教職員の一人に加えられたことが改めて実感できる機会でもあった。

如水会とは、この学校の卒業生で構成されている同窓会である。一九一四（大正三）年に創立され、会員相互の親睦を図ることもさることながら、母校の後援を第一の目的としているのが特徴と言える。会員の親睦と共同の利益増進、そして社会的活動の基盤を目的として会員の醵金《きょきん》によって一九一九（大正八）年六月三〇日に一橋通り一丁目一番地に建てられた同窓会クラブがその起源である。そして、一九二三（大正一二）年の大震災にあって外壁などを残して灰燼に帰したあと、一九二六（大正一五）年一〇月に再建復原されたのが如水会館である。なお、大正期の名建築と言われたその建物も老朽化が進んだため、一九八二（昭和五七）年に地下二階、地上一四階の高層ビルに改築され、現在の如水会館とな

旧如水会館全景（開館記念はがきより）

っている。

懇親会も順調に進み、デザート・コースに入ってから司会者の進行通りに学長の挨拶と数名の教授のスピーチが進んだあと、突然に福田徳三が立ち上がった。高島はハッとしたと同時に、指名もされていない福田がおもむろにはじめたそのスピーチを聞くやいなや「どぎもを抜かれた。というよりも恥ずかしくなった」。なんと、「世界的な大学者である老教授がたったの六十円」の賞与であったのだ。高島は、福田の没後三〇年に編まれた『福田徳三先生の追憶』（一九六〇年）に寄稿した「先生の職務勉励」というエッセーで、そのときのスピーチについて次のように書いている。

「一同かたずをのんでいるところへ、先生の歯切れのよい声が響いてきた。自分はこの年末に賞与をもらった。職務勉励につき金六十円を支給するという辞令を学校から受け取った。大変ありがたいことである。だが自分より勤勉でなく、講義も満足に出来ない教授たちが自分よりうんと多額の賞与をもらっている。これはいったいどういうわけなのだ。職務勉励につき賞与を出すというなら、それは大いに結構なことだ。金額の多少など問題ではない。だが福田が六十円で他の教授たちがその数倍ないし十数倍というのはいったいどうしたことか。職務に勉励のものが六十円の賞与なら、そうでないものは十円、五円でよろしい。それなら自分も納得する。学長のやり方はいったいどう理解したらよいのだ」

東京高等商業学校の校長に就任して以来東京商科大学となってからも学長をつづけていた佐野善作の「やり方」を、高島も「これはたしかにおかしい」と思った。「何か正しくないもの、公平ではないもの、思いもかけないものが職員の間にかくされていたことに気がついた」のである。しかし、このときにはただ漠然と感じたことではあるが、このことがのちに大きな渦となって大学全体を巻き込むことになる。

卒業後二年目の一九二八（昭和三）年からは、大学助手と兼務する形で予科講師に嘱託された。先にも述べたように、予科は最初は一橋にあったが、学生の要望もあって関東大震災による被災後の一九二四（大正一三）年四月に石神井に移っていた。その石神井の予科で「経済通論」

石神井の予科旧跡の記念碑（2009年９月筆者撮影）

を担当することになったのだ。

二年と三年にそれぞれ毎週二時間課せられていたその科目の授業では、若手の助教授や助手・補手が「半ば強制的に」教壇に立たされて、スミスかリカードかミルなどの、今で言えば原書講読にあたる授業を担当させられたのだ（「私の古典」〈エコノミスト〉一九六六年五月三日号。のちに「スミス『国富論』」として『私の古典』毎日新聞社、一九六七年に収録）。しかし、本科所属の若手が予科で講師として授業を行っても、手当というものはつかなかった。

この科目は、学生の間では「経済原論」とも呼ばれていたようだ。一九二八（昭和三）年四月九日付の〈一橋新聞〉には、本年度の予科科目担当者が決まり、「三年の経済原論は杉村廣蔵、高島善哉の両氏が分担しテキストとしてはアダム・スミスの『ウエルス・オブ・ネイションズ』を使用することとなり……」という記載があり、つづいて次の年の四月二一日付には、「予科（二年の）経済通論は杉村氏担当」、「三年の経済原論は講師高島善哉氏と補手山田雄三氏」が担当すると伝えている。

こうして高島はスミスを担当することになり、このあと「長いあいだスミスを強制的に持たされて、いやおうなしに勉強しなければ」ならなくなった。「それでずいぶん苦労して、毎年やっているうちに、だんだん面白くなって」いったと回想している。そのころを振り返って、「私の古典」というエッセーのなかで次のように述べている。

「二三歳の文字通り白面の一青年であるかけ出しの助手が、この重荷を背負わされることになったのである。

こうして私と『国富論』との格闘が始まった。教師と学生との年齢のちがいはせいぜい四、五歳からことによると一、二歳というところであったろう。私とスミスとの格闘は、私と同じ年ごろの学生との格闘となり、そして結局私と私自身との内面的な葛藤となった。スミスを読む前に、いわば私自身が読まれたというべきであろうか。ノイローゼがその結果であった。しかしどんなにノイローゼになろうとも『国富論』は私のそばから離れなかった。なぜなら私と『国富論』との出会いは半ば強制されたものであり、私が経済学の勉強をやめないかぎり逃れることのできない運命的なものをもっていたからである。

スミス『国富論』の講読はこのようにして始められ、このようにして毎年くり返されていったが、私と学生たちとの間の年齢的な距離が大きくなるにつれて、私と『国富論』との距離は少しずつ小さくなっていったようだ」

最初は「強制的に」「いやおうなしに」ではあったが、これがのちに高島を本格的なアダム・スミス研究へと導くきっかけとなったのである。そして、翌一九二九（昭和四）年度には、専門部会商工研究部の読書会の課目の一つである「経済原論」も担当した。

▽研究行路に悩む

昭和の初めというのは、第一次世界大戦の勝利にわいて日本は非常に大きな飛躍を遂げ、明治維新以後初めて先進国の仲間入りができるほど資本主義国になったと言われている時代である。しかし、その戦争が済んでから昭和の初めにかけては次第に下り坂になっていき、戦争中に得た経済力を失ってしまった。そのほか金解禁[1]をはじめ中小企業の倒産が相次ぎ、失業者は激増し、農産物価格が下落するなどいろいろ厄介な問題が出てきたり、次々と事件が起き、当時の青年たちの心を非常に暗くした。

このような危機をはらんだ時代のなかで助手として大学には残れたが、まもなく高島の眼には「左右田哲学も、高踏的で近より難く思われ」、また自分がそれまで福田門下で学んできた経済学では、当時の内外の激動と矛盾に満ちた社会と時代の大きな流れを捉えきることはできないように感じはじめた。「学問は私に勇気と自信をつけてくれるにはほど遠いもの」で、「純粋経済学」

---

(1) 一九三〇（昭和五）年、第一次世界大戦で一九一七（大正六）年以来禁止されていた金輸出を解禁した。金本位制への復帰によって貿易の拡大をはかる政策であったが、世界恐慌のなかで行われたために失敗した。

そのものが憂鬱に思われたのである。将来、自分はこれで生きていけるかどうか、専門の学者として本当に信念をもってやり抜くことができるのだろうかという非常に大きな悩みにぶつかった。若きジョン・スチュアート・ミルに似たような、大きな人生の危機に直面したのである。

大塚金之助の言う「経済学の社会学化」に、自分の「心の中にも何かある鋭いものがひらめくのを感じ」てはいたが、「救いの手はどこからもこなかった」。結局、「ひとりで迷わなければ」ならなかった。そして、このことが理由で「とうとうノイローゼになってしまった」ようである。そのような高島を「待ちうけていたものは、マルクス主義の思想と科学」であった（「意識の獲得――二十代のモチーフ」『人間・風土と社会科学』所収）。

東京帝国大学では、はやくも一九一八（大正七）年には「人類解放の新気運」に協調して日本の「改造運動」に従おうと「新人会」[2]が結成され、一九二三（大正一二）年には学生が「社会調査と成人教育」をすすめる「セツルメント」[3]をつくったりして活発に活動を展開していたし、進歩的な教授も次々に現れてきていた。そういう動きや東京商大の学生が主催する読書会に参加することを通して、また同時に大塚ゼミナールの学生の影響を受けて「思想的な大転換」を遂げていった。その下地となり根底を支えたものは、大塚の指導のもとで自らの経済学の考え方を学びとるなかで培われていった。そのころの、自己の内面からの変化を伴った精神の軌跡を高島は次のように述懐している。

「福田経済学では、社会に一歩足をふみ入れようとする弱冠二十二才の私に、何一つ羅針盤らしいものを示してくれなかった」（「意識の獲得——二十代のモチーフ」）

「在学中はこの学派（限界効用学派）の勉強を一生懸命やって卒業したのですが、大塚先生の推薦で大学に助手として残るようになって、こんどは自分の生涯の職業として『いったいなにをやったらいいか』を真剣に考えざるを得なくなりました……

限界効用学派のような考え方で現実の経済や社会がわかるだろうか。どうもさっぱりわからないのです。

……（昭和二、三年の）こういう社会の動きを、今まで自分が勉強してきた経済学で解釈できるか、こう反問してみると、どうもなんの役にもたたないのです。限界効用がどうのこうのなど

（2）一九一八（大正七）年、吉野作造らの指導下に結成された東京帝国大学学生の革新的思想運動団体。その綱領は「一、吾徒は世界の文化的大勢たる人類解放の新気運に協調し之が促進に努む。一、吾徒は現代日本の正当なる改造運動に従ふ」であり、社会科学の研究、啓蒙などを行ったほか普通選挙運動や労働運動にも参加したが、次第にマルクス主義志向となった組織は当局から解散を命じられ、会員の三割が投獄され、一九二九（昭和四）年に解体した。

（3）（Settlement）一九世紀末、学生や教会関係者などが生活困窮者の地区に入って生活改善の援助をするイギリスではじまった運動。日本では、大正デモクラシーを背景に広がり、一九二三（大正一二）年には東京帝大セツルメントが創立され、翌二四年から活動を開始したが、一九三八年当局の圧迫により解散した。

ということばかりやっていたのですから。それで僕は行きづまって、神経衰弱になってしまいました。学問をやめたいとまで思ったのです。そのため大塚先生から、『そんなことではいけない』としかられたものです。それがひとつの転換期でした。……その頃、学内に、学生の手で唯物論研究会などが生まれ、僕もそれに出席するようになりました。……眼が開けるような気がしました。それで、これはマルクスを読まなければダメだ、と考えるようになったのです。……最初読んだのは『経済学批判序説』です。……そこで新しい世界にぐんぐんひき入れられていきました。そういう思想上の一大転換の過程をとおったわけなのです。……

　自分の学問のやり方について、悩みに悩み抜いた僕は、大塚先生に長い手紙をつぎつぎに書きました。先生から、それに対して温情のこもった激励の返事をいただいたりしていました。そのうちに、二、三の友だちとルカーチの『歴史と階級意識』を読むようになりました。その書物には、人間のものの見方の基礎には階級的なものがあるということがはっきりと書いてありました。

　そこから私は自分の考え方や感じ方、社会の見方や対し方が、これまで地主の息子という立場からなされていたことを、実感としてさとるようになりました。そのことを大塚先生に手紙に書いて出しました。そしたら大塚先生の返事に、『これは君の生涯における最大の発見だろう』と書かれてあって、その言葉にまた僕は感激しました」（『社会科学――見かた・考えかた』）

大塚が深い影響を若い学生たちに与えたのと同じく、高島に与えた影響もきわめて大きかった。大塚から与えられた最初の励ましの言葉は「若きドクトルは天下をとった気持でいなければならない」というものであったが、この言葉を聞いた高島はたちまち大塚の「魅力の虜となった」のである。そして、一九二八（昭和三）年には、大塚からすすめられてマルクスの『剰余価値学説史』の翻訳に着手したのであった。

ちょうどそのころの大塚というと、留学中に思想的な悩みをもち、帰国後しだいに思想の転換を遂げていった時期である。すなわち、「一九二八年には、マルクス主義理論の正しさについて不動の確信を持つにいたって」、「マルクス主義そのものをわがものとしてつかみとった」ときであり、その一年あまり前からはじめた広範な社会的実践運動と理論研究をこの年以降はさらに一層活発に行うようになっていき、「『理論と実践の統一』という原則にたいする忠誠を胸の奥に秘めて」歩んでいた（川崎巳三郎「解説」『大塚金之助著作集』第二巻）。

後年、当時を振り返って高島は、自分自身の「ものの見方や考え方から日常の言動にいたるまで、いつのまにか先生の姿に似てきたようにひとにはみえたらしい。書体や文字までが大塚さんに似てきたようだと私の友は語った」と述べている。要するに、大塚からこの時期に受けた「直接的な衝撃」は、終生消えることなく心の底に残ることとなったのである（「わが『内なる人』大塚金之助先生」『大塚金之助著作集』第四巻、月報1）。

▽学生の研究会

高島善哉の「思想的転換」を決定的にし、研究の進路に非常に大きな影響を与えたものには、大塚金之助の影響と並んでさらにもう一つの重要な契機があった。助手時代に参加していた学生の研究会である。「飛躍と転換が突如として訪れてきた」と、その研究会を振り返って次のように回想している。

「私が大学を出てまもないころ、この大学にも唯物論研究とか、社会科学研究とかそういった学生のクラブ活動がもり上ってきた。昭和三、四年ごろのことである。東大や早稲田あたりではもう少し前からこういうクラブ活動が活発に行なわれていたのが、やっと私たちの学園にもひろまってきたわけである。私は大学の助手だというので、この研究会にさそわれて、いってみて驚いた。学生たちの情熱と自信と博識（？）が、最初の研究会でまったく私を圧倒してしまったのだ。そのときから私の研究の進路が決まってしまったようである。これがいわゆる精神の弁証法的飛躍というのであろうか。量から質への転化というのであろうか。とにかく私には新たな道が開けたと心底から感ずるようになったことだけはたしかである」（「学園静かならず」『人間・風土と社会科学』所収）

高島はすでに「その前からマルクスのものを、主に福田・河上論争をとおして読んではいた」が、研究会に参加することを通して「こんどは自分の問題として」「マルクスを読まなければダメだ」と考えるようになり、新しい世界へ向かっての「思想上の一大転換の過程」に入っていったのである（「私の経済学を語る」、『社会科学――見かた・考えかた』）。

ところで、高島が誘われて参加するようになった学内の研究会、クラブ活動とはいったいどのような学生たちによって運営されていたのであろうか。以下で、その活動の内容とともに、運営メンバーが書き残した資料などを引用しながら詳述していくことにする。

▽ＳＰＳ読書会

設立当初のＳＰＳ読書会（以下、ＳＰＳ）の性格とその主な会員について、上田貞次郎は一九二四（大正一三）年の日記に次のように記している。

「一橋学生の間にSociete des Pensée Sociales（S. P. S.）といふ研究会がある。その中心人物は現在三年生加藤敬三、山中篤太郎、其他の人である。……S. P. S.は、無色透明を標榜とする所の研究会であるけれども、主たる会員は幾分社会主義的傾向を帯び特にギルド・ソシアリズムに共鳴して居る」（『上田貞次郎日記（大正八年—昭和十五年）』）。

　しかし、一九三一（昭和六）年四月二七日付の〈一橋新聞〉には、SPSの九年の歴史を振り返る記事として「昭和二年桜井進、栂井義雄氏らがSPSを主催するに及んでSPSはここにマルキシズム研究団体となり」という記述が見られる。また、SPS設立の中心人物の一人であった山中篤太郎も、「この集団は後継者の手でマルクス主義集団と」なったと後年に述べている（「社会科学と大塚さん」『大塚金之助著作集』第二巻、月報4）。SPSの設立四年目となる一九二七（昭和二）年といえば、高島が東京商科大学を卒業して助手となった年である。

　SPSのこうしたマルクス主義研究集団への転換を推し進めたのはいったいどのような学生たちであったのか。栂井義雄は『花開く東京商科大学予科と寮』に収録されている「SPSを語る」のなかで左傾化の経緯を述べているので、その箇所を紹介しておこう。

「大塚先生は、昭和二年からSPSへ出て来られて、公然とマルクスを振りかざすようになった」

「昭和二年からは、大塚先生はプロゼミの学生たちにも資本論を読ませ始めており、SPS労働学校にも出講してマルクスの話をしているし、しだいに旗幟を鮮明にされ始めた」

「創設から四年ぐらい経過した時に、SPSを転進させ、左傾化させたのは大塚ゼミナールの人たちです」

「創立以来、上田貞次郎先生の自由主義的な、ああいう幅の広い考え方で動いてきたSPSが、後にマルクス主義的な考え方で動くように変ってきた。SPSをそういう方向に引っ張って行ったのは、大塚門下の学生達でした。しかし、それは、大塚先生が学生たちをそういう方向に引っ張ったというよりは、桜井進、石井光、林勝、佐野久綱、香月央、望月敬之、新川伝助、小熊孝というような大塚門下の学生（いずれも昭四学）たちが大塚ゼミナールをそういう空気に変えていった。そして、大塚ゼミナールでかもし出されたそういう空気が、今度はSPSに流れ込んでいき、SPSがマルクス主義を主流とするように変わっていった。……ある時期以後のSPSの中心的活動分子は、大塚ゼミナールの者が多かった」

これを読んで分かるように、高島の助手時代におけるSPSの主流はマルクス主義研究団体であったわけであり、その中心的な担い手は大塚ゼミナールの学生たちであったのだ。こうしたSPSの主流のマルクス主義への変質は、大塚金之助の思想的な転換と時を同じくしていたのである。

一九二七（昭和二）年の〈一橋新聞〉は、その年にSPSが読書会で取り上げたものを記している。五月にはローザ・ルクセンブルクの『社会改良か革命か』を、六月にはマルクスの『経済学批判序説』を、九月には二組に分れて、一方はブハーリンの『史的唯物論』を、他方はレーニンの『帝国主義論』を取り上げたと伝えている。高島は、この読書会に参加して学生たちと一緒に『経済学批判序説』や『帝国主義論』などを読むことを通して自らの問題として学びとっていき、マルクスに熱心に取り組むようになって「マルクス主義の思想と科学」へと「思想的な転換」を遂げていったのである。後年、この時期について高島は次のように述べている。

「私はその頃マルクスに心からの感銘を覚えるようになっていた。（中略）そのころから、マルクスを熱心に研究するようになったのです」（『社会科学――見かた・考えかた』）

そして、大学を出て二、三年後に「『資本論』の深さと大きさとを知ることができ」、「このとき生まれてはじめて読書の情熱を全身に感じた」（「私の読書遍歴」）とも言い、「それ以後、この道から離れようと思ったことは一度もなかったし、ひそかに（あの戦争の最中でも）動揺を感じたことも一度もなかった」と述懐している（「意識獲得――二十代のモチーフ」）。

また、「私の古典」を読むと、次のような記述が見られる。

「昭和初年にマルクス主義の思想と科学が日本の知識階級の情熱を捉えたとき、私がマルクスへの通路をあまりたいした内面的な抵抗なしに発見することができたのは、『国富論』を強制的に勉強させられたことで、あらかじめ社会科学における思想と科学の関連の問題について、多少とも訓練をうけていたせいではなかったかと思う」

昭和初年は、高島善哉の精神史において決定的な時期であった。このような時期に味わった苦悩と転換ののちに生み出されたのが「静観的経済学止揚の方法」（助手論文の初稿、一九二八年）であり、雑誌〈新興科学の旗のもとに〉に書いた二つの論文「金利生活者経済学最後の型」と「価値論なき流通論」（ともに一九二九年）である。

ところで、当時の日本の状況を知るうえで有効であろうと思われるので、ＳＰＳがその後どうなったかについて当時の新聞記事などを紹介しておこう。

一九二八（昭和三）年一二月六日付の〈やまと新聞〉は「教授が顧問格で商大生が実際運動」の見出しを掲げ、警視庁特高課ではＳＰＳが「研究を通り越して実際運動に関係してゐる事を探知し同校大学部二年生栂井義雄外数名を取調べた」と、大塚金之助ら数名の教授の名をあげて報道し、さらに、記事は、大学当局から予算を取り、公然と同校教室で毎週水曜日に会合を開き、「大塚教授の如きは自分の教授している学生は同会に加入しなければならない様にしむけてゐた」、新党準備会とも絶えず連絡を保ち実際運動に携わり、無産者新聞、労働農民新聞、青年労働新聞とも関係していた、メンバーは学部三〇名、石神井予科三〇名、国立専門部四〇名などと報道している。また、同日付の〈中央新聞〉も同様の記事を載せている。

その後、ＳＰＳは自由な活動を抑えられていき、一九二九（昭和四）年ころからは無活動状態となった。栂井は次のように述べている。

「やがて昭和三年三月一五日の三・一五事件が起こり、それ以後は、学生運動に対する取り締まりがだんだんと厳しくなり、同年六月には改正治安維持法が施行され、死刑を含む厳刑で臨むことになった。こんなわけでＳＰＳ労働学校が開けなくなってくるのですが、昭和四年の四・一六事件あたりから官憲の思想弾圧はますます激しくなり、昭和四年一〇月一日、上田正一、米内栄一、加藤四海が予科で放学処分を受け、その直後の一〇月五日に、予科ＳＰＳは、文部省の方針ということで予科主事から解散の命令が出された。そして労働学校も解散、上田貞次郎先生もＳＰＳ部長をお辞めになられるという具合に下火になり、一橋でのＳＰＳの存在が許されなくなり、一橋会の予算面からＳＰＳがその姿を没したのが昭和六年四月のことです」（「ＳＰＳを語る」『花開く東京商科大学予科と寮』一三四ページ）

そして、その一九三一（昭和六）年四月二七日付の〈一橋新聞〉を読むと、ＳＰＳの表面的な活動は一昨年をもって消滅し、前年の夏ころから無活動状態となり、本年度は一橋会の予算面からもその姿を没して消滅したとして、その九年の歴史を振り返る記事を掲載していることが分かる。

▽東京社会科学研究所と大塚金之助のゼミナリステン

高島善哉は、東京商科大学の助手となってまもないころ、一九二七（昭和二）年九月に発足した東京社会科学研究所（以下、東京社研）の研究員にもなっている。東京商大からの研究員には当時東京商大の研究科で研修中の杉本栄一の名もあるが、これも大塚金之助のはからいによるものであっただろう。というのも、その所長には大塚金之助自身が就任していたのである。

この研究所は、「日本の社会科学研究を促す」ことを目的に、尾高朝雄の出資によって設立されたものである。その際、中心的な役割を果たしたのが尾高邦雄、岩崎卯一、田辺寿利らであった。所長として大塚が迎えられたのは、岩崎の推薦によるものであった。岩崎卯一は、東京社研の設立の経過を次のように説明している。

「拙著『社会学の人と文献』を結びの糸として、尾高朝雄博士出資の『東京社会科学研究所』が、昭和の初頭に出現したのである。……尾高朝雄氏は、或る日わたくしに、私財十万円を以て日本の社会科学研究を促す仕事をはじめたいから相談に乗って欲しいと言はれた。……わたくしは早速『刀江書院』の社長尾高豊作氏と、ニューヨークでまたベルリンで親交をかさねた東京商大教授大塚金之助氏と、新たに知った田辺壽利氏とを、わたくし以外の理事とする『東京社会科学研究所』の新設を提唱した。……東京市神田区駿河台ニコライ堂横の高台にある一建物を入手し、そこで新らしい研究所を発足させた。理事兼所長に大塚教授、常務理事に田辺氏、平理事に東京の尾高豊作氏と関西のわたくしとが就任した。所員もしくは研究員には、当時なほ助手級であった東京商大の杉本栄一氏や高島善哉氏などがあったやうに記憶する」（岩崎『社会学の人と文献（米英仏篇）』一九四九年再刊、壮文社）

『岩崎教授在職三十五年記念論文集』（関西大学法学会、一九五八年）を見ると、研究員にはさらに清水幾太郎などがいたことも分かる。また、『大塚会会報』第三号および七号を見ると、一九二九（昭和四）年二月には杉本栄一・尾高朝雄・三宅鹿之助の「ヨーロッパ留学送別会」が高島も出席して開かれたことが記念写真とともに報告されており、研究員間の交流があったことがうかがわれる。

東京社研の創設時から有給の事務員となったのは大塚ゼミナール二年の石井光であった。石井と同期で、ともに大塚を実務面で助けていた望月敬之（大塚ゼミ、昭和四年本科卒）によれば、彼は「研究所の創設事務から内国・外国の図書・資料の発注・受入から整理・格納・出納までのすべてを引受けていた」という（望月敬之「石井光君の見果てぬ夢」『大塚会会報』第五号）。一九二九（昭和四）年に卒業した石井は正式の事務長として研究所勤務をつづけていたが、結核を患い一九三〇（昭和五）年九月より療養生活に入り、翌年八月に亡くなっている。大塚金之助は彼の死を悼み、「石井光君の死」という追悼文を一九三一年一一月一四日付の〈一橋新聞〉と〈如水会々報〉の一九三一年一一月号に寄せ、次のように述べている。

「石井光君のもう一つの業績は、東京社会科学研究所の事実上の所長として、商大生を初めそこを訪れる研究家に非常な親切を尽したことです。同研究所の事業は石井君の努力の結晶であり、ここを訪れた人々は常に深い感銘を受けました。同研究所の社会的地位は、尾高朝雄氏や尾高豊作氏の努力は勿論ですが石井光君の献身的な努力に負ふところ大です」

そして、この追悼文に附して追悼基金の募集の呼びかけがあり、高島もその発起人の一人に名を連ねた。これも、東京社研および大塚ゼミナール学生グループと高島との密接な関係を示すものの一つと言える。

大塚が東京社研の所長であったのは、一九二七（昭和二）年から一九三二（昭和七）年の五年間であった。望月敬之によれば、

大塚（前列中央）ゼミの学生と共に
前列右から2人目が高島善哉（写真提供：戸塚隆哉）

この間「大塚ゼミを主とする有志が同人として手伝うと同時に文献と施設を自由に利用することを許された」のである（「昭和初期激動の中の一大塚ゼミナール（2）」『大塚会会報』第三号、一九八二年一二月）。石井を核にして大塚ゼミナールのOBと学生グループがここに集い、ここを根拠にして活発な活動を展開していったのである。

▽大塚所長時代の東京社会科学研究所の活動

一九二七（昭和二）年八月二九日付の〈東京朝日新聞〉によると、東京社研は「関西における大原社会問題研究所に対抗するやうな権威ある社会問題に関する研究機関」を目指し、「社会および経済に関する研究と調査を主として出版物公開講演等に基くこの研究業績の発表図書の収集および管理研究および読書の指導等を」行う計画であった。

〈大阪朝日新聞〉も九月一日付で〈東京朝日〉とほぼ同文の記事を掲載し、さらに次のような大塚の談話を付け加えている。

「新研究所はだいたい九月一日から開設されるはずで飽まで実際運動からはなれて社会及び経済に関する学理的研究を続けて行く考へです、何しろ学校の片手間にやることですから最初は小規模だがゆくゆくは権威ある理想的のものとしたいと思ってゐます」

しかし、大塚所長時代の東京社研では、研究所の名においてなされた研究報告や講演などの記録されたものは何もなく、それらが行われた形跡もない。この研究所による研究会および講演会が開かれたという記録があるのは、大塚に代わって尾高邦雄がその代表（主任）となった一九三二（昭和七）年五月以降のことであり、研究報告については、東京社会科学研究所（代表者、尾高邦雄）編『東京社会科学研究所年報』第一輯（『社会科学と社会哲学』）が尾高豊作経営の刀江書院[4]より一九三三（昭和八）年一一月に刊行されたのみであった。

それでは、大塚が所長をしていた時代にはどのような研究活動が行われていたのであろうか。その時期の東京社研の活動で唯一明らかなことは、大塚の努力によって多数の内外の社会科学文献が神田の刀江書院の二階の研究事務所内に集められたことであった。岩崎卯一は、「この懐

（4）社会学者であった岩崎卯一は『社会学の人と文献』の再刊（一九四九年壮文社版）の「跋」で、「浅野セメント株式会社をはじめ、多くの会社の重役であった尾高豊作氏が、出版事業を通じて日本の学術文化の向上を期するために、祖父の雅号を用ひられた『刀江書院』を創設されたのは、たしか大正十四年頃ではなかったかと記憶する」と述べている。また、尾高豊作は東京社会科学研究所へ資金援助をしていたと言われている。昭和一九年に尾高豊作が死去したあとすぐに書院は解散され、版権は旺文社に譲られたという。

出深い研究所は、大塚所長の趣味と努力とで、マルクス主義に関する内外の文献六千冊を蒐集していた」と述べているし、ほかの関係者も同様の証言をしている。望月敬之も、「盛んに内外の図書・雑誌などが集められた。われわれは余り手伝いもせずに、手当たり次第本を借り出して石井君に迷惑をかけた」（「昭和初期激動の中の一大塚ゼミナール（2）」『大塚会会報』第三号）と述べているし、平舘利雄（大塚ゼミ、昭和五年本科卒）も、「そこには豊富なマルクス主義文献がありました。……私は勉強するのに好都合なので、この研究所に通いました」（「私のソ連研究史の一齣」『専修大学　社会科学研究所月報』第一五〇号、一九七六年三月）と述べている。また、川崎巳三郎（大塚ゼミ、昭和六年本科卒）は、創立後三〜四年ころの様子を次のように記している。

「ドイツ語のマルクス・エンゲルス全集やロシア語およびドイツ語のレーニン全集の既刊分をはじめ社会科学関係の目ぼしい文献のほとんどすべて、コミンテルン関係の出版物、各国共産党の機関紙誌やパンフレット類、国際・国内の労働運動や社会運動についての文献や資料が、可能なかぎりバックナンバーにさかのぼってまで、集められていた。古いものではドイツ社会民主党の機関紙『フォルヴェルツ』、新しいものでは『インプレコール』などが、初号から欠号なしにそろっていた」（「大塚金之助さんをしのぶ――その人と学問の一断片――」『経済』第一六〇号、新日本出版社、一九七七年八月）

その内容は、当時としてはとくに注目に値するものであった。東京社研はそれらの文献を管理するという、言ってみれば図書館的な仕事を行っていたのである。

しかしながら、大塚の努力によって収集された文献の利用は、原則として大塚や小椋広勝（大塚ゼミ、大正一五年本科卒）の紹介した人々にだけ認められていたようである。東京社研の文献の利用者は、結局、大塚ゼミナールのOBとその学生グループが中心であったのだ（川崎「大塚金之助さんをしのぶ――その人と学問の一断片」同上）。彼らは、東京社研で、しかも国内ではそこでしか手にすることのできない文献を利用して研究活動を行っていたと見られる。なお、望月敬之は、数少ない外部からの利用者の一人に野坂参三がいたことが注意を引いたということを述べている（「昭和初期激動の中の一大塚ゼミナール（2）」『大塚会会報』第三号）。

▽東京社会科学研究所とヴァルガ『世界経済年報』の翻訳

東京社研に集まった大塚ゼミナールの有志が東京社研を利用して展開した活動の成果は、ヴァルガの『世界経済年報』の翻訳となって結実した。

川崎巳三郎は、大塚が一九二八（昭和三）年に、「主として自分のゼミナールの人びととともに、経済批判会を組織して、ヴァルガ『世界経済年報』の翻訳出版に着手」（「解説」『大塚金之助著作集』第二巻）したと述べているので、この共同作業が大塚の指導のもとに行われたことがうかがえる。また、その翻訳出版のいきさつを望月は次のように述べている。

「東研（東京社研）は、……石井君と小椋広勝さんの発議によるヴァルガ『世界経済年報』翻訳発刊の最大の動機を作ることになった。その翻訳の台本であるインプレコールは当時東研以外では入手できなかったのである。……昭和三年の一月頃先輩の小椋広勝さんが『東研』に定期的に入荷しているインプレコールに注目し、そこに連載されているヴァルガ（E.Varga）の世界経済分析の論文が素晴らしいことを発見し、われわれにも読むことを勧められ、さらに石井光君らと協議して、それを翻訳して刊行しようと提議された。これがヴァルガの『世界経済年報』の出版の始まりである」（「昭和初期激動の中の一大塚ゼミナール（2）」同上）

望月によると「その翻訳の台本であるインプレコールは当時東京社研以外では入手できなかった」ということであるが、平舘利雄はその原文入手のエピソードを次のように述べている。

「ドイツから杉本（栄一）氏は原文を送って参りました。原文はコミンテルン機関誌インプレコールにのっているのですが、勿論国禁の書です。美人画などを表紙にしてうまく検閲当局をごまかして入手しておりました」（「私のソ連研究史の一齣」同上）

東京商大の大塚金之助のゼミナールのメンバーが集まり、小椋広勝が中心となって東京社研事務員の石井が出版の事務一切を引き受けるという形でヴァルガの『世界経済年報』の翻訳刊行が大塚の指導によって「経済批判会」の名のもとにはじまったわけだが、この「経済批判会」のメンバーはほとんど東京社研のメンバーでもあった。つまり、東京社研は「経済批判会」の活動の根拠地となっていたのである。要するに、この翻訳刊行の仕事は組織的に東京社研の名においてなされたのではなく、翻訳者の名を秘すために名づけた「経済批判会」の名で行われたものであった。

高島もこの翻訳に参加していた。後年、この翻訳は「大塚ゼミに新人会まがいの人がたくさんあつまって」、「大塚さんがそういう人を動員して」やりだしたもので、「手伝え」と言われて参加したのは昭和五年ころだったと語っている（「学問遍歴を語る高島善哉先生——アダム・スミス没後二百年をむかえて」『経済評論』第三九巻第七号、一九九〇年七月号。「市民社会論にむけて」と改題し、水田洋・杉山忠平編『アダム・スミスを語る』に収録）。

▽東京社会科学研究所の改組と解散

東京社研は、設立二年を経たころから官憲によって眼をつけられるところとなった。尾高邦雄は、東京社研の改組のいきさつを次のように語っている。

「東京社研は昭和四年ころから特高[5]に眼をつけられていた。昭和五、六年ころになると特高は執ように東京社研の解散を迫って来た。われわれは社会科学一般の研究を進めるためにやっているつもりだったが、特高は東京社研が『主義者』の街頭連絡の場所に使われていると見ていたらしい」(「聞書　東京社会科学研究所のこと　語り手・尾高邦雄」『大塚会会報』第七号、一九八四年一二月)

特高は、東京社研がマルクス主義文献の収集を行い、そこにある資料を利用した『世界経済年報』の翻訳刊行に注意の目を向けていたのだ。さらに、東京社研が共産党の関係者に情報提供を行っているという疑いをもち、またそこに出入りしている人物もマークしていたと見られる。そして、所長の大塚と事務長の石井も、当時非合法であった共産党の関係者と連絡をとっていると疑っていたのだ。

望月啓之によれば、当時大塚は共産党の関係者である野坂鉄（＝参三）らとも関係があったし、「彼（石井）は大塚先生の学問的・実践的活動の関係で幅広い知り合いを持っていた」（望月「石井光君の見果てぬ夢」『大塚会会報』第五号、一九八三年一二月）と述べている。また、佐野久綱は「石井光は共産党の地下組織と相当連絡を取っていたような気がします」と記している（「SPSを語る」『花開く東京商科大学予科と寮』）。

結局、解散を迫られた東京社研側にとって、これを回避するためには改組する以外に選択肢はなかった。一九三二（昭和七）年五月、大塚に代わって尾高邦雄が東京社研の責任者（主任）となり、清水幾太郎、戸田武雄、池島重信、馬場啓之助とともに「東京社研からマルクス主義色を払拭して再建を図った」のであった（「聞書　東京社会科学研究所のこと　語り手・尾高邦雄」『大塚会会報』第七号、一九八四年一二月）。

こうして東京社研ではマルクス主義的な傾向が排除されて、大塚らはそこを去ることになった。一九三三（昭和八）年一一月に刊行された『東京社会科学研究所年報』第一輯の末尾に付された

（5）特別高等警察のこと。大逆事件の翌年の一九一一（明治四四）年、警視庁に思想犯、政治犯を取り締まる特別高等課を、一九二八（昭和三）年には全国各府県に特別高等警察（特高）を設置した。当時の政府に反対する思想や言論、行動を取り締まることを専門にし、国民の思想弾圧を任務とした。一九四五（昭和二〇）年一〇月、治安維持法などとともに廃止された。

「東京社会科学研究所年報同人」のなかに、大塚の名はもちろんのこと高島の名もない。

東京社研は存続できはしたものの、一九三四（昭和九）年六月には解散に追い込まれた。大塚が集めた東京社研の文献や資料は、改組されたあともほぼ無疵で残っていたようであるが、ある日特高は研究所を急襲し、貴重な文献、資料を根こそぎ持ち去り、東京社会科学研究所の解散を命じたのである。尾高邦雄はつづけて次のように語っている。

「昭和九年の春特高は抜打ち的に東京社研を襲い、大型乗用車でマルクス主義関係の主要な蔵書の全部を持ち去った。同時に私自身も責任者として連行された。……即日釈放されたが、東京社研を解散するよう命ぜられ、……昭和九年六月東京社研を閉鎖しました」（「聞書　東京社会科学研究所のこと　語り手・尾高邦雄」同上）

一方、ヴァルガの『世界経済年報』の翻訳刊行のほうは、その後も一九三六（昭和一一）年七月刊行の第三一輯（一九三五年　第４四半期分）までつづけられた。

第4章

新たなる学問的立場の確立へ

新たな旅立ち

東京商科大学に助手として残り、大塚をはじめとしたさまざまな影響のもとに「思想的転換」の旅へと歩みはじめた高島は、「在学中三年の結晶である卒論」すなわちそれまでの経済学の自分の「考え方を清算する意味で……静態と動態を結びつけるもう一つ上位の論理」を明らかにしようと一つの論文「静観的経済学止揚の方法」を一九二八（昭和三）年一一月までに書き上げた。そして、この論文を「助手論文」として翌年の春までに提出することにしたのである。後年、当時を振り返って、高島はこの論文について次のように述べている。

「私が手さぐりした問題にはじめて活路を見出してくれたもので、それは私の生涯の研究コースを決定することになった。それはマルクスが『経済学批判』で素描し、『資本論』においてみごとな結実をみせた方法なのである。（中略）この論文には、マルクスの『経済学批判序説』の思想と論調の影響がはっきりと現れていたように思う」（「私の卒論」）

この論文と前後してさらに二編の論文を執筆し、三木清が編集していた雑誌〈新興科学の旗のもとに〉に寄稿した。これは、知友本多謙三のすすめによるものであった。左右田喜一郎の門下の哲学者で、「三木と非常に仲がよかった」本多が三木に紹介してくれた。そして、三木宅を二、三度訪問するうちに、その雑誌に書かないかということになったのである。高島が、本多について記しているところがあるので紹介しておこう。

「三木清の仲立ちをしてくれたのは、本多謙三という優秀な哲学者で、一橋大には珍しいですね。左右田さんの弟子でありながら左右田さんを出ていました。当時すでに氏は現象学的なところへむかっていましたね。マルクスなどもよく読んでいて、私達も非常に刺激を受けました」（「学問・人生・社会」（Ⅰ））

闘病生活を余儀なくされていた本多の健康状態が比較的良好であった一九二九（昭和四）年から一九三三（昭和八）年の間に、本多を中心に加茂儀一（大正一三年本科卒）ら数名からなる研究会がもたれ、善哉もそれに参加をしていた（加茂儀一「本多謙三君の思ひ出」『本多謙三追悼録』所収）。こうした研究会を通じて、多くの新鮮な学問的な刺激を善哉が受けていたことがよく分かる。

このような研究会は、太平洋戦争後は高島を囲んで多様な構成メンバーでいくつも継続的にさまざまなテーマで開かれていくことになるのであるが、これは高島の学問を広く深く豊かにしていった温床の一つであると言えるであろう。

▽弟宣三《のぶぞう》の逮捕、起訴

高島が「思想的転換」を遂げつつあった時期とほぼ同じころ、三番目の弟の宣三が左翼運動を行っていたということで逮捕、起訴された。これは、一九二八（昭和三）年の左翼に対する弾圧事件「三・一五事件」につづいて一九二九（昭和四）年四月一六日に全国一斉に行われた共産党に対する検挙事件、いわゆる「四・一六事件」に関連したものであった。

当時、弟の宣三は二一歳であった。未知の人から市ヶ谷刑務所に拘禁されていることを知らされて面会に訪れた高島は、官憲の目が「心のなかまでつきささるような思いがして、しぜんに五体がかたくなった」が、短い面会は何事もなかったかのようにきわめて静かに行われた。

一九〇八年生まれで四歳下の宣三は、高島と同じく岐

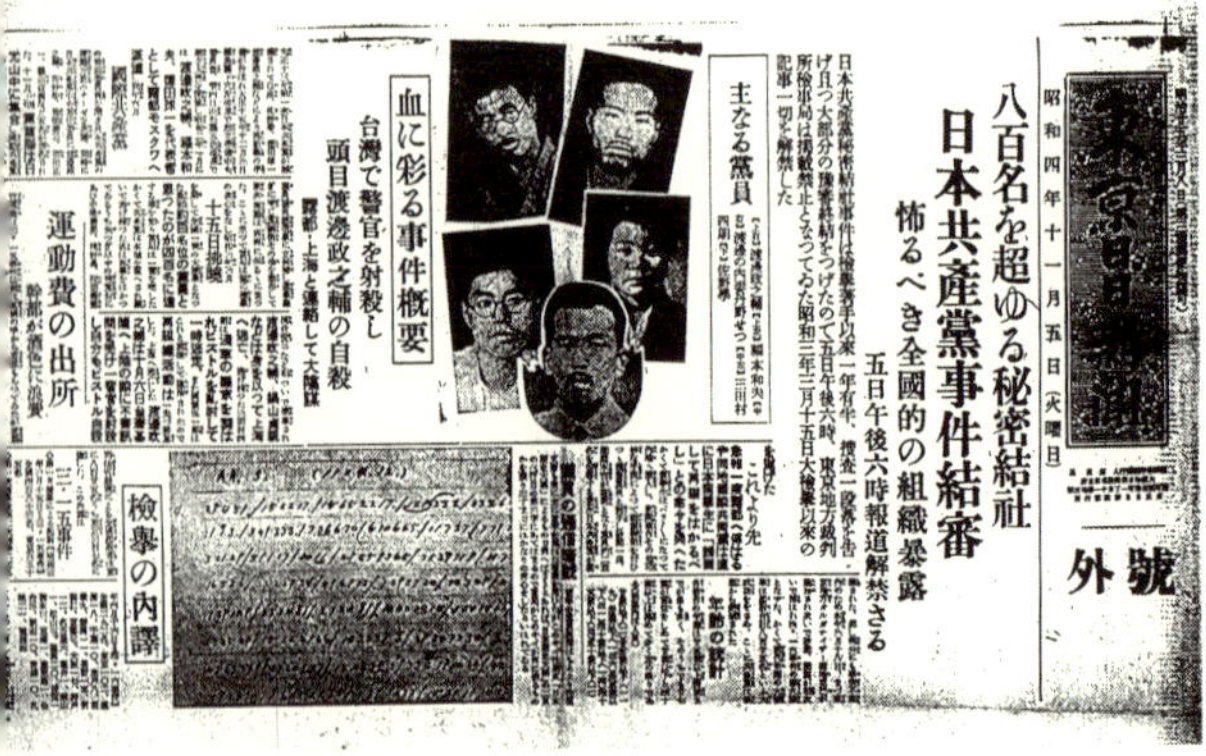
東京日日新聞
號外
昭和四年十一月五日（火曜日）
八百名を超ゆる秘密結社
日本共産黨事件結審
怖るべき全國的の組織暴露
五日午後六時報道解禁さる
主なる黨員
血に彩る事件概要
台灣で警官を射殺し
頭目渡邊政之輔の自殺
運動費の出所
檢擧の内譯

弟の逮捕を報じる〈東京日日新聞〉1929（昭和4）年11月5日付号外

皐中学を四年で終了しての進学であったが、兄とは違って第一高等学校に進んだ。その後、一九二八（昭和三）年に東京帝国大学経済学部に入学するという秀才青年であったが、すでに一高在学中から左翼運動に関係し、大学では「新人会」で活動していた。弟の実践活動に関して高島は、後年次のように述懐している。

「同感と一種の誇りのきもちをもってながめていた。というのは、わたくし自身もすでにそのまえから思想的な動揺と転換の渦中に投げこまれており、自己の内面で命がけの飛躍をなしとげつつあったからである。にもかかわらず、わたくしにはどうしてもすぐさま、実践活動にとびこむだけの決断力が欠けていたのである」（「四つの体験をとおして」）

逮捕、起訴から一年近くたって、そのことを伝え聞いた父がかけつけたが、父も高島も多くを語らなかった。

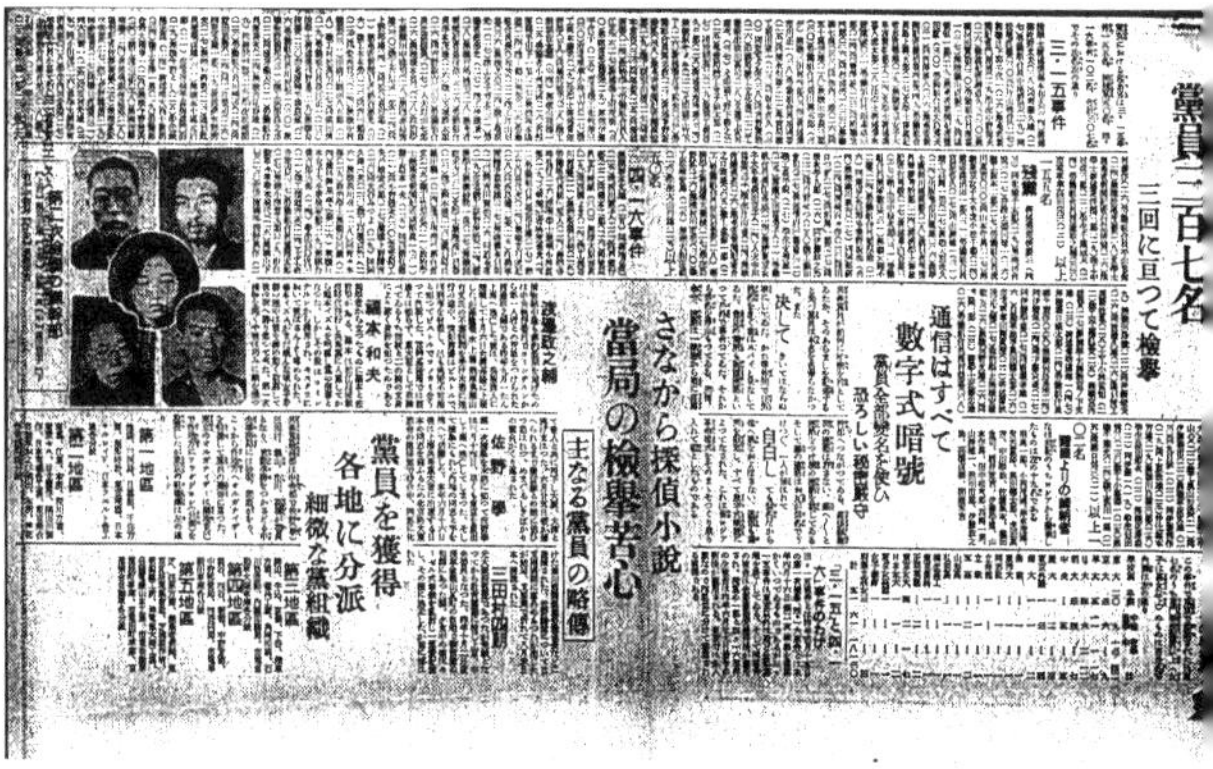
黨員三百七名
三回に亘つて檢擧
通信はすべて
數字式暗號
さながら探偵小説
當局の檢擧苦心
主なる黨員の略傳
黨員を獲得
各地に分派
細微な黨組織

語っても高島は、「できるだけ弟の立場を弁護することば」を注意深く発するように務めた。岐阜の田舎では弟のうわさ話が相当広く流布されたようであるが、家庭内ではとりたてて問題とされることはなかった。

とはいえ、弟は東大を退学させられ、早稲田大学に再入学を果したが、「むりがたたって胸をわずらい、完全にいなかへ蟄居閉塞」を余儀なくされた。その後、岐阜に戻って養子に行って野田姓となり二人の子どもをもうけたが、兵役に召集され、中国か南方の孤島かも分からない不明の戦死を遂げてしまったのである。

高島の心には、「なぜわたくしは、かれを実践の情熱から学問の情熱へとつれもどし、沈潜させることができなかったのであろうか」、「なぜわたくしはあのとき再上京と勉学のチャンスをつくってやらなかったのであろうか」という思いがいつまでも脳裏から離れることはなかった。

▽ 飛《ひ》蚊《ぶん》症《しょう》と結婚

一九二九（昭和四）年、高島自身が肉体上のきわめて深刻な危機に突き落とされた。そして、それが原因となってたいへんなノイローゼ状態に陥った。

大学を卒業して三年目のある日、下宿にいるときに激しい頭痛、耳鳴り、不眠が一度に襲いかかってきた。それだけでなく、同時に「眼の前に何千何万という無数の水玉がとび廻る」症状も現れた。猛烈な飛蚊症[1]の症状で、目の前がクラクラする。その原因がどこにあるのか数か月まったく分からず、日夜苦しみ抜き、「死の数歩手前まで追い詰められたといってもよい毎日」であった（「二人三脚の五十年」『自ら墓標を建つ』所収）。そのときの苦しみを「眼と私」というエッセーのなかで次のように述べている。

「書物など到底読めるものではない。ただじっとしていることも苦しい。ほとんど居ても立ってもいられない。夜もほとんど眠れない。私は一種の気狂いのような状態になった。しかし私には原因がわからない。それは極端な神経衰弱という形であろう。あるときは突然無意識に電車に乗って鎌倉へ行ったり、あるときは奥多摩の方に行ってみたりする。車中一人でじっとしていることができない。途中で引き返したり、薬屋にとび込んで睡眠薬を買ったりして薬屋さんが妙な顔をする。そんなこともあったが、私の眼つきがおかしかったのであろう、私の友人が、君は眼が悪いんじゃないかと注意してくれた。そう言われて初めて自分でも気がついた」

（1）視界にゴミや虫のようなものが飛ぶように見える症状。生理的なもので問題のないものがほとんどだが、網膜が剥がれるなどの重大な目の病気の症状の場合もあり、別の病気が原因となって生じることもある。

友人の言葉に従って駿河台の病院に行き、眼鏡と視角矯正で有名な前田珍男子《うずひこ》博士に診てもらった。前田博士によって、それまでの眼鏡に代えて「上下二つに分けて二重焦点とされたのは大いに困った」ようだが、「その結果発作は一応しずまって、一年ぐらい後にはどうやら研究を始めることができるようになった」ようだ。

しかし、飛蚊症の症状から解放されることはなかった。その後、視力が急速に悪くなり、回復へと向かうことはなかった。そのため、研究は再開できても初めは疲れやすく、能率も上がらなかった。ただ、本が読めないわけではなかった。当時は、とにかく自分一人で何でもやることは可能だった。持ち前の負けじ魂が備わっていたとはいえ、その後、終生にわたって「ひとりで」挑みつづけていかなければならない「孤独な」もう一つの闘いを背負い込んでしまうことになったのである。なお、本当に眼が見えなくなり、自分で本も読めなくなって原稿も書けないという状態になるのは太平洋戦争後のことである。

発作と飛蚊症、それに伴う神経衰弱の発症から三年が経った一九三二（昭和七）年五月一四日、高島は後藤みさをと新婚生活をスタートさせた。五〇年ほどのちに、この当時から抱いた妻への想いと自らについて次のように振り返っている。

「そういう状態からすっかり抜けきらないで、結婚生活に入ったわけでございますから、妻に対して甚だ申しわけないことをしたといわなければなりますまい。妻の側からみれば大変な不幸であったかも知れません。しかし私の方は、その結婚によって立ち直ることができ、希望と自信を取り返して研究生活に戻ることができたのですから、大変な幸せであったと思っております。今改めて妻に感謝する次第でございます」（『二人三脚の五十年』）

「知識欲がさかんすぎ恋愛するヒマのなかった」高島は、見合い結婚であった。みさをは、高島の生家に近い羽島郡小熊村(2)の生まれで、退役軍人を父にもち、奈良女子高等師範学校(3)（現・奈良女子大学）を出ていた。高島自身の語るところによれば「いわゆる困苦欠乏に耐えるという明治型」の女性で、自分の妻として「この女性ならば大丈夫だ」と考えたようである。

結婚の年の春、岩波茂雄が高島のもとを訪れた。用件は岩波文庫として刊行するために単独ですすめているマルクスの『剰余価値学説史』の翻訳のことであったが、そのとき岩波は手土産として洋菓子を持参した。その洋菓子を高島は、結婚前のみさをにそっくりプレゼントしている。

（2）小熊村《おぐまむら》は、岐阜市の南方、松枝村の西方にあって、北に境川、西に長良川が流れる村で、現在は羽島市に編入され、市の北西部に位置している。

（3）女子教員の養成を目的に、東京女子高等師範学校（現・お茶の水女子大学）に次ぐ我が国二つ目の女子高等師範学校として一九〇八（明治四一）年に設置された。翌年竣工の旧本館は現在「記念館」と改称され、国の重要文化財。

▽〈新興科学の旗のもとに〉への二論文

〈新興科学の旗のもとに〉に寄稿した論文の一篇は「金利生活者経済学最後の型——リーフマン経済学の一批判」と題されており、もう一篇は「価値論なき流通論——リーフマンの限界収益均等の法則を中心として」というものであった。前者は第二巻第三号（一九二九年三月号）に、後者は第二巻第四号（一九二九年四月号）に掲載されたが、いずれもロバート・リーフマン（Liefmann, R.）を真っ向から批判したものである。

ところが、リーフマンが論じた「近代企業組織の理論的研究」と「理論経済学における限界収益説の徹底」は、福田門下の宮田喜代蔵によれば「両方面ともに商大学問には久しい前から紹介され」ていたものであるうえ、後者はとくにそのころ福田徳三が心酔していたものであった。リーフマンは、「一橋に由緒深き先生」なのであった。

福田のリーフマンへの傾倒ぶりは、板橋菊松の次のような回想からもうかがうことができる。

「先生は何かと御多忙であるのに、私のために時間をさいてLiefmannの〝Beteiligungs-und Finanzierungsgesellschaften〟をテキストとし、御懇切に難解のところは一々色鉛筆で線をひいて、ゼミナールのように指導して下さった（「御臨終刹那の思い出」『福田徳三先生の追憶』所収[4]）。

また、福田にとっては、リーフマン、R・ヴィルブラント、E・レーデラーという三人は旧友のドイツの学者であった。しかし、福田自身は、「学問することは批判することだ」（赤松要「三度目の脂汗」『福田徳三先生の追憶』所収）、「学者の本質は批判することにある。マルクスであろうとレーニンであろうと神様ではない。その学説には必ず批判の余地があり、その批判によって学問は進歩するのだ」（赤松「学問遍路」『赤松要先生追悼論集　学問遍路』所収）と、絶えず門下生に語っていたのである。また、武井大助によれば、福田は「学問には極めて忠実厳格で、いささかの妥協をも許されなかった。同僚は勿論、門弟ともよく論争し、学問に子弟なし遠慮はいらないとは、常に門弟を激励される言葉であった」（「福田先生追憶素描」『福田徳三先生の追憶』所収）とされているし、南亮三郎も、福田は「争論は学問の生命なり」をモットーにしていたと述べている（「福田旋風のあとさき」『福田徳三先生の追憶』所収）。それゆえ高島は、恩師福田の教えを忠実に守って、「先生は真理を愛するひとだから、先生の好きなものであろうがなんであろうが、悪いものは悪いといえばほめられるだろうと思ってやった」のである。

リーフマンの経済学を批判した二つの論文はともに「恩師福田徳三先生の経済学を批判すると

（4）正しくは、Beteiligungs- und Finanzierungsgesellschaften, eine Studie uber den Effektenkapitalismus, 5. Aufl. (jena 1931).

いう青年学徒の客気に溢れ」、「いくらか調子の高いもので」あったが、高島としては「新しい信仰告白のつもりであった」ようだ。

批判することを是としていた福田であるが、自分の心酔していたリーフマンが弟子によって批判されたことで高島は、「恩師福田先生の逆鱗にふれ」るところとなってしまった。

「あるゼミナールの時、学生が高名な外国経済学者の理論を紹介し、さらにこれに批判を加えたというので、学生を足蹴にしたという話が伝わっている」（「大塚先生と私」『大塚金之助著作集』第六巻、月報7）と平舘利雄は書いているが、福田は「一知半解な」批判を加えることを厳しく戒めていたようだ。福田自身、ロッシャーの『英国経済学史論』の杉本栄一訳（昭和四年）に序文を寄せ、そのなかで「資本論一冊の通読をすら終らずしてマルクス排撃を敢てする手品遣ひ的文献、メンガーは扨て置きボエーム・バヴェルクすら十分に商量せずして『レントナーの経済学』云々の口真似をする論策、我々は其れらの濫発に飽満され過ぎている。我々の学ぶ可きところは、断じて其れらであってはならぬ」と述べている。「かりそめにも一知半解の批判を加えることは許されなかった」のである（「人気のあった福田ゼミ」『自ら墓標を建つ』所収）。

また福田は、「師恩を裏切って、出世の捷径《しょうけい》にしようとするような徒を蛇蝎《だかつ》のように嫌われていた」（木全秀雄「福田先生の人間像」『福田徳三先生の追憶』所収・ルビ筆者）という。そのときの福田には、高島がまさにそのように見えたのであった。そして同時に、自分の論争相手の河上肇が無批判に受け入れているマルクスに依拠して論じたことも福田にとっては受け入れがたいことであったのであろう。

後年、山田雄三は「福田先生が最も嫌われたのはマルクスを信仰的に受けとる態度であり、そのことは先生のアカデミックな精神から許し難いことであった」とし、「とくに晩年の先生はマルキシズムのややともすると軽薄な流行に痛く抵抗を感じておられた」（「福田徳三先生」『一橋論叢』第五三巻第四号、一九六五年四月）と述べているが、このような福田の眼から見れば高島は、「軽薄な流行」に乗ってマルクスを無批判に信仰的に受け入れているとも見えたのであろう。そして、福田は本当に怒ってしまい、結局「高島はマルクス・ボーイだ。あれじゃ困る」とレッテルを貼ってしまったのである（「私の経済学を語る」）。

福田門下の中山伊知郎は、福田徳三の経済学の一面に関して当時を振り返って次のように回想している。

「先生の、時代に対する敏感さについて、これまた長所と短所とがあって、ある場合には非常に早いテンポで先生自身は移って行かれて、われわれは付いて行けないというような感じを持つことがありました。ある場合には、あとから先生がみずから、あれはどうも少し自分は尊敬し過ぎたということを後悔されるような場合もありました。例えば、ロバート・リーフマンであります。

リーフマンが一九二〇年頃に、大きな新学説を発表しまして、……福田先生はこれを捕まえて、非常に喜ばれた。……これに飛びつかれたのであります。しかし、あとになりますと、どうもリーフマンにもの足りない。……自分はあの当時少しリーフマンに心酔しすぎていたのではないかと反省されています。ちょうど心酔されておったときに先生のゼミナールに参加した学生は結果としてはたいへん迷惑したわけであります」（「福田徳三博士の経済学」『三田評論』第六七六号、一九六八年一一月）

▽助手論文

巻末に大塚金之助への謝辞が附記されている助手論文「静観的経済学止揚の方法」は、当時市販されていた「岩波特製」の二〇〇字原稿紙に書かれ、次のような構成となっている。「一　序説」、「二　流通と生産――理論」、「三　経済静学の理論的変質過程」、「四　理論に於ける游離《ゆうり》と理想化」、「五　マルキシズム経済理論の客観性」。本論中の「三」ではクラーク、シュンペーター、オッペンハイマーの三者の静学の系列をたどることにより静的観念の変質過程をたどり、「四」ではクラーク、シュンペーター、オッペンハイマーについての総括的な批判を行い、「五」ではマルクスによるブルジョア経済学の止揚過程を跡づけるという構成になっている。そして、その冒頭で静観的経済学を規定して次のように述べている。

「社会的経済現象の理論的把握にあたり、単に流動する現象の羅列的な立場に止まって経済理論の具体的意義を認めないか、若しくは、経済理論の重要性は認めるが、その把握の仕方がじつは一面的・抽象的（非歴史的）なるために、必然的に将来への展望を失い、かくして何れにしても意識的にか無意識的にか、究極に於て現存の資本主義経済機構の永遠性の理論的是認に導かれるところの一連がりの経済学を指して云う」

つづいて理論と歴史の問題については次

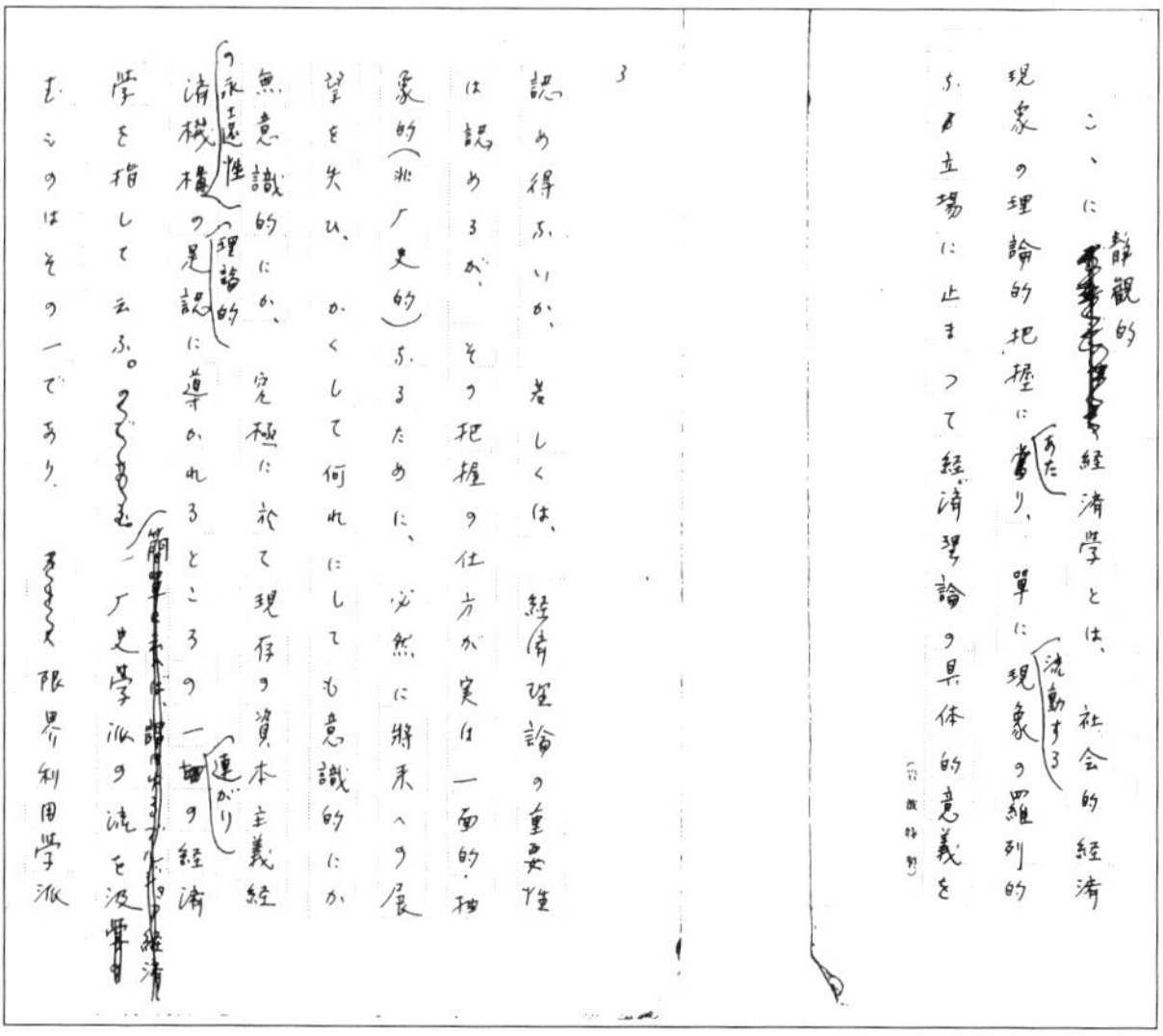
ここに静観的経済学とは、社会的経済
現象の理論的把握にあたり、単に流動する現象の羅列的
なる立場に止まって経済理論の具体的意義を
3
認め得ないか、若しくは、経済理論の重要性
は認めるが、その把握の仕方が実は一面的・抽
象的（非歴史的）なるために、必然に将来への展
望を失ひ、かくして何れにしても意識的にか
無意識的にか、究極に於て現存の資本主義経
済機構の永遠性の理論的是認に導かれるところの一連がりの経済
学を指して云ふ。
助手論文

のように述べている。

「経済理論の本質は、生々流転する経済諸現象を、一般性に於て、言い換えれば科学的な一義性（Eindeutigkeit）に於て、把握することに在る。それが如何なる意味に於てでもあれ、歴史性ということは具体的経済現象に附き纏っている。これに対して一般性ということは科学理論の要求である。若し事象の歴史性の故に、如何なる意味に於ても理論の一般性を斥け、したがって理論そのものを否認するならば、論者は必然に、単に現象起伏の羅列的なる記述に堕落するか、若しくは、超科学的なる観念方法に超躍することにより、も早経験科学者たることを止めるであろう。従って吾々の問題は、この意味に於ける歴史と理論の対立に在るのではなくして、却ってその綜合に在る。またそれは必然に綜合されねばならなかったし、その綜合も亦可能でなければならぬ」

さらに高島は、歴史学派と限界利用学派の歴史性を次のように捉えている。

「歴史学派も限界利用学派も、その立場こそ異なれ、経済現象の流動性・個別性及び歴史性を否認するものではむろんない。併し彼等の謂わゆる流動性・個別性及び歴史性は、資本主義的生産方法の支配する限りの、それを前提としてその上に現れる限りの、経済現象に於ける流動性・個別性及び歴史性である。彼等の一面的な眼には、前提そのものの流動性・個別性及び歴史性が蔽い隠されているが故に、必然の結果として、歴史的発展の真に全面的なる批判に到達することが不可能となり、従って、彼等の謂わゆる流動性・個別性及び歴史性は経済現象の単純なる変化ということに帰し、言葉の究極の意味に於て、彼等はただ量的変化を取扱うに過ぎぬこととなる」

このように静観的経済学の理論と歴史を捉えた高島は、ブルジョアジーのイデオロギーが客観性を失わなければならないとすれば、「経済理論の分野に於てもその理論の客観性失墜の過程が指摘されねばならぬ筈であろう。私は明らかにこの過程を看取し得ると考える」として、本論でその過程を論じた。そして、「マルクスは一方に於て理論と歴史との関係を真に統一的に把握すると共に、他方に於てこれらの二つの方法的手続きを、完全に自家薬籠中のものとしている」しだいを、マルクスのブルジョア経済学の止揚過程を論じるなかで明らかにしていったのである。

自らの新たな経済学を求めて苦闘をつづけた高島は、それまでの自分の経済学に対する見方を「清算」し、新たな学問的立場の確定に歩み出したのであった。そのような意味で、この助手論文は高島自身にとっての転換点をなしていたのである。後年、高島は次のように述懐している。

「そのとき以来、私はもはや静態や動態については語らなくなった。そしてこういう言葉をもっぱら近代経済学の特殊専門家たちに任せることにした」

問題意識においては、卒業論文において胚胎したものが助手論文においても「貫く棒の如きもの」として基底に据えられていたのであった。このことは、その後の高島の学問的な生涯の底流をなしていくことになるのである。

▽助手解任

当時、「助手は二年間で、二年たったら本決まりのテストをすることになっていた」ので、「助手論文」を一九二九（昭和四）年に提出した。助手の三年目更新を求める「助手論文」はまた、将来、大学助教授への昇進も視野に置かれたものでもあった。高島は同時に、前年よりとりかかっていたマルクスの『剰余価値学説史』の上巻だけを急いで全訳し、この論文に添える形で提出した。

六月の教授会までに審査されることになり、このときの助手補手の三年目更新の審査委員には、福田のほかに福田門下で一九二〇（大正九）年に東京高商専攻部を卒業した井藤半弥と、左右田門下で一九二一（大正一〇）年に同じく専攻部を卒業した杉村広蔵がいた。杉村は高島の助手論文を「すごい論文だといってほめてくれた」し、福田も翻訳は「非常にグッドだ」と言ったという。しかし、福田によって「マルクス・ボーイ」のレッテルを貼られた高島は、助手の再任も助教授への昇進も断たれ、一九二九（昭和四）年七月二日付で補手を命ぜられ、同四日に助手を免ぜられることとなった。福田は、「当時の教授会では絶対の権威」なのであった。

この決定は、東京商科大学の本科とは「縁が切れた」ということである、つまり、「今日の言葉でいえば追放されたわけである」。学園のなかで高島は、卒業後に助手として残れたときに陥った苦悩につづいて「またもやひとり旅」をつづけなければならなくなったのである。このとき、助手には山田雄三ら二人が選ばれ、補手には高島とそのほかに四人が任命された。この当時のことについて、高島は次のように述懐している。

「このときから私のささやかな抵抗の時期が始まった。抵抗といっても、私の弟とはちがって、私は実践活動にとび込むことはできなかった。パッションを外へでなく、内側へ向けるのが私の人柄である。……兄の私のほうには、……内面的な抵抗が続いた。当時一世を風靡していた福本イズムや日本資本主義の研究よりは、ルカーチの『歴史と階級意識』のほうがずっと自分の心に迫るものがあった。学生時代から私には哲学へのひそかな思慕があって、これは今日にいたるまで続いている。だがこれは底流でしかなく、私の抵抗はやっと学説史研究の上に一つの噴火口を見つけ出すほかはなかった」（「意識の獲得――二十代のモチーフ」）

ところで、先の助手論文は一九二一（大正一〇）年五月に創刊された東京商科大学研究発表機関誌〈商学研究〉の第八巻第四号（一九二九年二月一日発行）に、山田雄三の「経済政策学に於ける『価値判断』の問題」とともに「次号予告」として掲載されることが明記されていたのであるが、同誌は財政困難との理由から休刊となってしまった。その後、この論文が「中々力作」で「『金利生活者経済学最后の型』よりもよいものだ」と本多謙三から聞いた岩波書店の〈思想〉の編集者であった林達夫が、「枚数がわからないので、長くては一寸困るが、適宜の長さのものだったら、（又縮めてくれるなら）〈思想〉へ考慮してよい」と本多に言っておいたと谷川徹三宛のハガキに書いている（『林達夫著作集』別巻I）。しかし、「適宜の長さ」とはいかなかったためか、あるいはほかの何らかの理由で実現せず、結局未公表のままに終わってしまった。

　晩年の高島はこの助手論文の公刊を望んでいたが、存命中には叶えられることはなかった。没後に編まれた『市民社会論の構想』と『高島善哉著作集』（第一巻）に収録されたことによってようやくその願いが実現され、これによって初めて高島が「思想的転換」の過程を辿ったあとの新たな学問的な出発点に触れることができるようになった。林から谷川宛のハガキには、次のこ

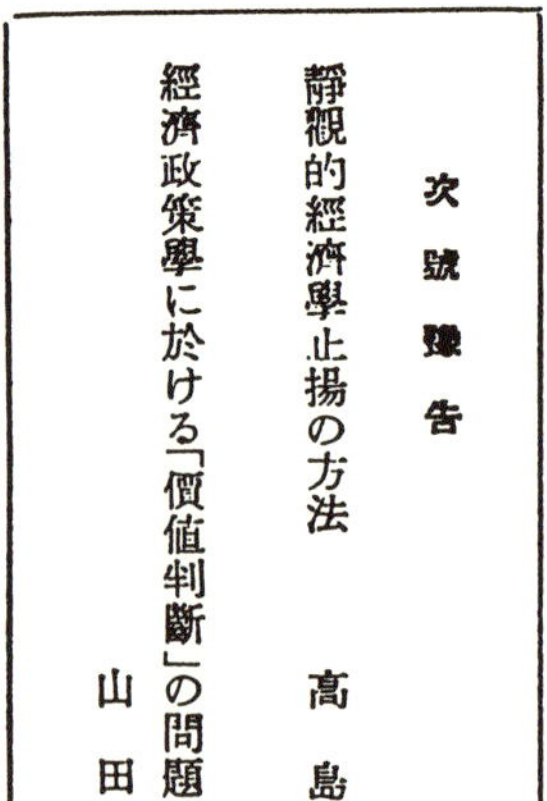
次號豫告

靜觀的經濟學止揚の方法　高島善哉

經濟政策學に於ける「價値判斷」の問題　山田雄三

〈商学研究〉に載った次号予告

とも付け加えられていた。

「高島君は学校からにらまれはじめて、最近決定的にのこれなくなったさうです、（助手の給料も奪はれて無給にされたさうで、随分露骨に迫害するものです。）」

大塚金之助も、この助手解任問題については山田雄三宛（七月八日付）書簡のなかで憤慨している。

「大兄だって二年たてばまた何をやられるか分かったものでない。高島君の運命は皆さんの運命です。こんなことをして、学校は諸君を全く愚弄しおもちゃにしてそして諸兄の生涯をめちゃめちゃにしてゐるのです。僕は高島君のためだけにでなくみなさんのために痛感してゐるのです」

大塚は、この手紙のおよそ半年前に同じく山田に宛てた手紙に、「商大の将来は大兄をはじめ、杉本［栄一］、鷹島（ママ）［善哉］、斉藤［幸治］諸君の肩にある」と記していたのであった。（『大塚金之助著作集』第一〇巻）

助手のポストを失って無給の補手となった高島だが、予科のほうでそれまでもっていた「経済通論」のほかに「ドイツ語」の授業を五、六時間、講師として担当できることになった。これは、「困るだろうから、僕のドイツ語の時間を少し君にやるよ」という吹田順助の好意によるものであった。吹田が東京商科大学に転じたのは、高島が本科二年の一九二五（大正一四）年であり、当時予科教授（兼任大学助教授）であった吹田は、本科の「ドイツ語」を受講している真面目で優秀な高島を覚えていたのであった。

一九二九（昭和四）年の予科講師としての報酬は年額六六〇円であった。その後、年々報酬は上がっていったが、当時は常勤の講師という制度はなく、今でいう非常勤講師という身分であった。高島自身、その当時のことを次のように述懐している。

「親父からもらっていたのと同じだから、別に困らない。それだけもらえればいいやというわけで、ドイツ語の本を読んで学生と面白く暮らしておったんです」（「私の経済学を語る」）

このような経緯のもと、「経済通論」の原書講読と「ドイツ語」の講師として東京商大予科とのかかわりは深まっていった。

▽福田徳三の死去

一九二九（昭和四）年は大恐慌という激動の年であったが、その年の暮れには、福田徳三の五五歳の誕生日を祝うゼミナールの会が神田駿河台にあった「富美屋」を会場にして開かれた。実際の誕生日には二日早い一二月二日の夜に恩師を囲んだのは学生たちが中心であったが、夫人と二人の息子、そして大塚金之助、井藤半弥、中山伊知郎、浦松佐美太郎、山田雄三らも参加した。「杉村広蔵さんもまともに福田さんを批判してやっつけられた。これはあとでヨリを戻しましたけれども、僕はダメだ。一ぺん怒られると逃げちゃうから。それでそれ以来、福田さんには近づかなかった」(「私の経済学を語る」)と後年語っている高島だが、卒業後も福田の講義は聴講していたし、この会にも出席している。東京商大のゼミナールの家族的な雰囲気と、福田の「江戸っ子」気質とその人間的な魅力、そして高島の師への思いがそうさせたのであろう。

このとき、福田自らが筆をとって書いた即興の詩が、「回顧」と題されたものである(次ページ参照)。福田の絶筆となったこの書は、無二の親友の高野岩三郎に贈られた。福田の死去に際して高野の流した涙の跡があちこち残ったその書は、その後高野の形見として大内兵衛の手にわたって、彼の寝室にかけられていたという。この生涯の「回顧」の筆跡は、福田没後三〇年にあたる一九六〇(昭和三五)年に国立の一橋大学構内に建設された福田のレリーフの側面に刻まれている。

福田が高島たちの「期待を裏切り早逝」したのは一九三〇(昭和五)年の五月八日であった。五五歳という若さであった。三日後の一一日に、神田一ツ橋の東京商科大学のバラックの仮講堂においてキリスト教式で営まれた大学葬のとき、友人代表として述べた吉野作造の告別の辞に高島は異様のショックを覚えた。というのも、「福田徳三君はだいたいにおいて資本主義の擁護者であった」と吉野が述べたからである。
高島は、「福田さんという人がもっと進歩的な人だ」と思っていたのである。

回顧
戦々恐々五十五年
痩身纔存天地間
闘是歟不戦非歟
寤寐転輾夢屢破
昭和四年十二月二日
三素学人記

一橋大学構内にある福田徳三の碑（2009年９月筆者撮影）

第❺章

学究一路の生活へ

▽ 予科講師時代

助手を解任されて飛蚊症に襲われた一九二九から一九三三年（昭和四～昭和八年）までの四年間、高島はヴァルガの翻訳を手伝って大塚から小遣いをもらいながら、岩波文庫から刊行されることになっていた『剰余価値学説史』全巻の翻訳に「一所懸命に」取り組んだ。ご存じの通り、これは日本初の翻訳であり、それと同時に同じマルクスの『フォークト君』の邦訳もすすめていった。また、予科講師としての授業はもとより、一九二九（昭和四）年の秋には経済学研究同好会（ＫＫＤ）[1]が予科に創設され、山田雄三とともに発会式に出席したりするなど予科生の教育に情熱を傾けていった。また本科では、補手として「研究指導補助」の立場で大塚ゼミナールにも参加していた。

本科が一橋のバラック校舎から国立に移る一九三〇年（昭和五年）に横浜高等商業学校（現・横浜国立大学）から本科に入学し、二年から大塚ゼミナールに参加した越村信三郎は、自己史『いくつ峠を越えたかな』のなかにその当時のゼミナールの様子と高島に関するエピソードを綴っている。

この当時の就職決定者は、四月になっても本科卒業生二二七名中一〇〇名と半分にも届かなかったようだ。だから、二年生でプロ・ゼミナールを選ぶ場合も就職率のよいゼミナールに集中し、大塚のゼミナールを希望する者は少なかった。左翼の実践運動をやっている学生も、大塚のゼミナールに入るとにらまれるというのでほかのゼミナールを選んでいた。越村が入ったときのプロ・ゼミナールは五人であった。

「ゼミナールの空気もきわめてなごやかなもの。三年生のゼミナリステンがあたえられたテーマによって、毎週金曜日の午後、研究室で報告をおこなう。大塚教授の側に高島善哉助手（正しくは補手――筆者）がひかえ、コの字形の机を前に一同がかしこまってきいている。報告のあと、大塚先生の短評があり、そのあと、図書館うらの芝生でキャッチ・ボールに打ち興じた。

学生たちは遠慮えしゃくもなしに、力いっぱいスポンジ・ボールを大塚先生や高島先生に投げつける。大塚先生はどんな難球でも受けられたが、高島先生に投げると、球はミットを素どおりして先生の胸板にズシンとぶちあたる。『どうしたんですか』ときくと、『球が二つに見えて、一方をつかもうとすると、他方が胸にぶちあたる。二律背反《アンチノミー》だ』との答。『へえー』とおどろいたものだが、そのころから高島善哉先生の乱視は相当ひどかったようにおもう」

（1） 一九二九（昭和四）年、予科に経済学の研究熱が高まるなかで、経済知識を啓発することを目的として予科に生まれた研究団体で、経済学に興味を有する予科生を会員とした。

高島が、日曜日に大塚やゼミナールの学生とともに高尾山をはじめとした奥多摩の山々にハイキングを楽しんだのもこのころである。また、新婚早々のときには、学生と出掛けた百草園へのハイキングに一緒に参加することになった新妻が、多摩川の河原で食べた野外料理で、ライスカレーの「お手並み」を披露するという場面もあったようだ。

一九三三（昭和八）年ころになると、高島を含む一〇人ほどの助手や補手からなる「ヒューマン・ネットワーク」が生まれ、誰が名付けたのか不明であるが「若者会」と称して、当時補手であった最年少の板垣與一（昭和七年本科卒）を幹事役に親交を深めていった。毎日、昼にはできたばかりの職員集会所に集まっては、

一橋大学構内にある職員集会所（2009年９月筆者撮影）

玉突き（ビリヤード）やピンポン、碁などを楽しんだ。二年後には、「助教授助手の間の撞球熱は非常なものだ」と〈一橋新聞〉（昭和一〇年一〇月一四日付）のコラム「校の内外」に書かれている。

また、毎年三月から四月にかけてはよく一緒に旅行をしたようだ。最初は伊豆山、次は川奈、さらに法師温泉や三原山、塩原、伊香保などに旅行をしたりしていたが、どうやらその集まりは不満を発散する場でもあった。しかし、互いに侃侃諤諤《かんかんがくがく》の議論をするというのではなく、あくまでも仲間づきあいという程度の性格の集まりであったようだ。

一九三四（昭和九）年、大学側は力をもてあましぎみの「若者会」のメンバーを三井物産の貿易奨励会の補助によって組織された東京商科大学調査部の「我国貿易自主運動を中心とする貿易史研究」に参加させたが、これはいわゆるガス抜きを図ったものである。高島は「重要産業」の項目を担当し、その研究成果を「貿易自主運動と綿貿易の発展」として報告し、一九三五（昭和一〇）年五月一三日付の〈一橋新聞〉に掲載されている。

一九三二（昭和七）年、高島とみさをの新婚生活は、予科講師としての報酬年額八五〇円で杉並区天沼の新居ではじまったわけだが、身分的には不遇のなかでのことであり、一九三五（昭和一〇）年に予科教授に任命されるまでは同じ状態がつづいた。当時、高島宅を訪ねたある学生は次のように記している。

応接間には椅子が三脚しかなく、人数が多いと木製のりんご箱の上に座布団を乗せて椅子の代わりとした。「先生は前年度までは講師の身分で、この四月に教授になられたばかりなので、先生宅の家計の苦しさ」が思いやられたと述べている（船越経三「もっと光を mehr Licht!」『高島善哉著作集』第四巻月報）。

しかし、当時の講師はわりあいと給料が高かったと板垣與一は述べているし、さらに、結婚してからも父からの仕送りによる援助を受けていたので、家計が苦しそうに見えたのは給料のほとんどを本の購入に費やしてしまっていたからであろう。

水田洋（高島ゼミナール、昭和一六年一二月本科繰り上げ卒）が伝えるところによると、「新婚の夫妻が読書会に出て、革命歌をうたい、高揚した気分で帰宅してみると空巣にごっそりやられていた、というようなこともあった」し、「上田貞次郎が学外への転職を世話しようといったのも、この頃だったとおもわれる」という（水田洋『評論集クリティカルに』）。

助手を解任されて予科講師の道を歩むことになったということは、東京商科大学のいわゆる本流からは離れたということを意味するにほかならないわけだが、しかしこの時代こそ、その後の高島の研究と教育の原点と場が据えられ、その後の方向が見定められていく時代なのであった。

▽特高による検挙

このころ、東京商科大学でも学生が特高によって何人もが検挙されるようになっていた。研究会や読書会を開いただけでも警察に捕まるという状況がつくられていったのだ。

一九三三（昭和八）年一月一〇日には、大塚金之助が伊豆湯ケ島温泉の「湯本館」で『日本資本主義発達史講座』のために「経済思想史」の原稿を執筆中に治安維持法違反の容疑で逮捕、起訴され、東京商科大学教授を休職ののち失官となり、その後敗戦の年の一九四五年一二月に復職するまで「強制失業生活」を強いられた。また、福田門下で専門部の教授である杉本栄一も、大塚の逮捕と同じ年の一二月に検挙されている。そして、今度はついに高島が杉並署特高係に検挙された。

一九三三（昭和八）年一二月二一日の午後のことである。自宅を杉並署特高係に襲われ、杉並署に留置されて警視庁特別高等課（特高）による取り調べを受けた。高島自身は数時間の留置場生活ののちに釈放されたが、「高島善哉召喚」の記事は翌二二日発行の夕刊各紙（二三日付）に一斉に掲載され、一、二紙を除いてそのほとんどが、文字通り大きな見出しをつけてきわめてセンセーショナルに書き立てた。各紙の内容は、およそ次のようなものであった。

❶一二月二一日午後、杉並署に検挙され、不拘束のまま特高の取調べを受けた。身柄は直に釈放された。

❷飛行学校赤化事件の首謀者共産党員鹿島宗二郎らに、また「大森銀行ギャング事件」(2)の首謀者大塚有章らに、深い事情を知らず不用意に自宅を提供した。

❸鹿島の勧誘で党中央機関紙の購読者となった。

❹鹿島の勧誘で党の商大学内組織の翻訳団に加入し、党の書類の翻訳にあたった。

結婚後まもないころ、高島は左翼活動家から頼まれて自宅を彼らの会議の場所として提供していたのだ。そのことが、一九二八（昭和三）年改悪の治安維持法違反であるとされ、

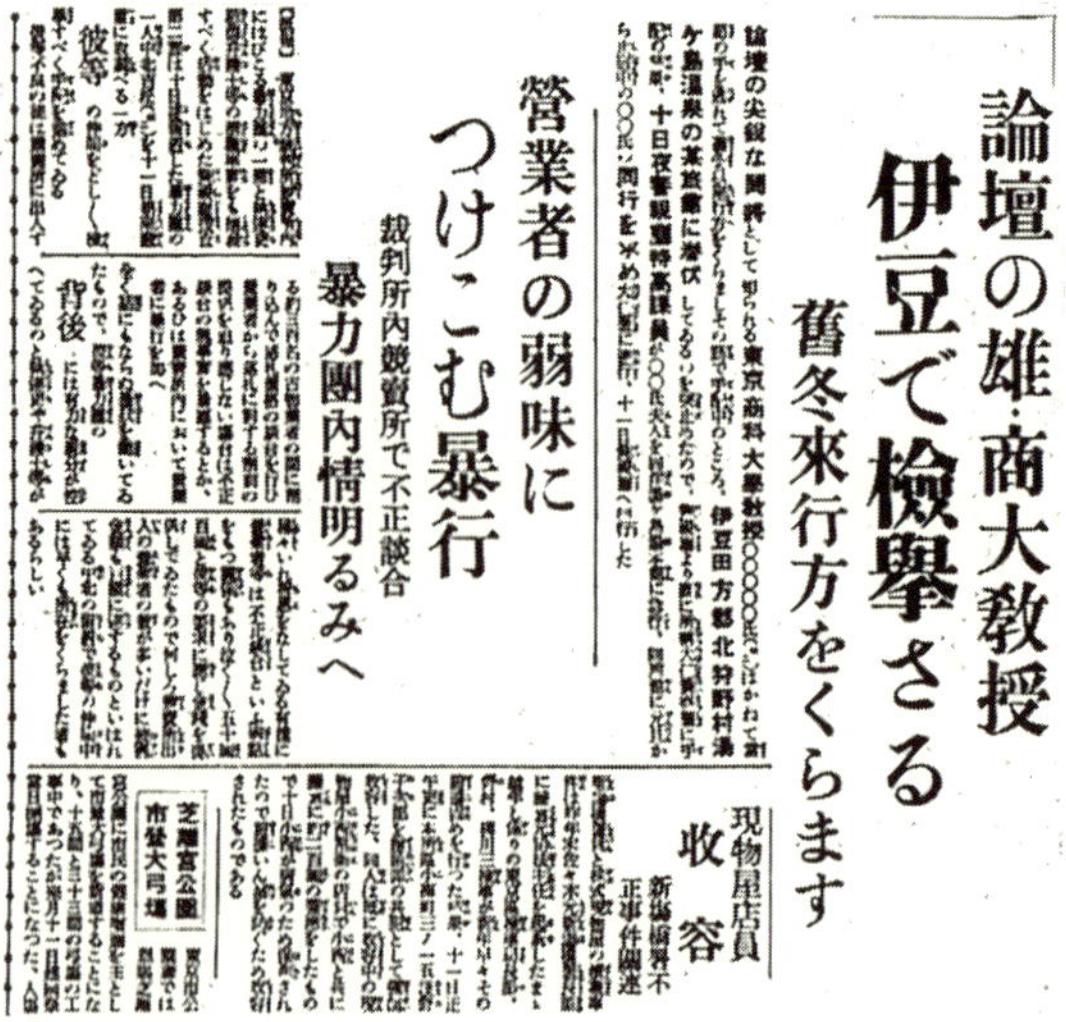
論壇の雄・商大教授
伊豆で檢擧さる
舊冬來行方をくらます

營業者の弱味につけこむ暴行
裁判所內競賣所で不正談合
暴力團內情明るみへ

現物屋店員收容

大塚金之助の名が伏字の検挙記事（東京朝日新聞、1933［明和8］年1月12日付）

検挙されたのである。

　高島の家を借りて会議を開いたのは河上肇の義弟の大塚有章らであったようで、一九三二（昭和七）年の七月ごろのことであった。大塚は、その年の一〇月に決行された警視庁の「スパイ松村」の陰謀によるといわれる「大森銀行ギャング事件」の首謀者となって翌年の一月に逮捕されているが、戦後に刊行された自伝『未完の旅路』には次のような一節がある。

（2）　一九三二（昭和七）年一〇月六日、東京府東京市大森区（現・大田区大森）の大森駅近くにある川崎第百銀行（川崎財閥の銀行、一九四三年に三菱銀行に吸収合併）大森支店を拳銃を持った三人の男が襲い、三万一七〇〇円を奪って車で逃走した事件。

商大の豫科講師
高島氏召喚さる
本多教授も近く召喚の模様

亭主三役
結婚魔
絞つては
入れ揚ぐ

高島善哉召喚の記事（読売新聞、1933［明和８］年12月23日付夕刊）

「学習会は誰かの書斎で開かれた。和洋の書籍が部屋いっぱいに置いてあったから、恐らく主は学者と呼ばれる人であろうが、遂に顔は見せなかった」

河上肇の『自叙伝』のなかの大塚上京後の数か月の叙述と重ねあわせてみれば、高島自身がどういう人たちの集まりかを知っていたかどうかはともかく、大塚らの会議であったことはほぼ推定される。

結婚したころはまた、月六回発行で、活版印刷へと切り替わった〈赤旗〉を新宿三越の裏で受け取るという方法で購読するようにもなっていた。このことも、治安維持法違反に問われた理由であろうと思われる。

新聞記事のなかには、本籍および父の名までもが明記されていたものもあった。すぐに父は上京し、妹の婚家では離婚問題にまで話が及んだという。父親が「とるものもとりあえず上京」したときの高島の記憶は鮮明である。三五年後、「四つの体験をとおして」（『自ら墓標を建つ』所収）というエッセーのなかにそのときのことを書いている。

「いまだかつて、父の泣き顔をみたことがなかった」のだが、「父はわたくしをみるなり号泣した。まったく号泣というほか、いい表わしようのないありさまであった。（中略）わたくしは父をともなって、佐野学長のところへでかけていった。これは、当然の儀礼であるばかりでなく、父を説得し、ついでに自分自身を安心させるための唯一の処置であった。ワンマン学長としてとかくの風評のあった佐野学長も、そのときのわたくしにたいしてはびっくりするほど寛大であった。じつは、わたくしの事件のまえに、この学園からも他の学園からもおなじような事件に関連して検挙、拘置のうきめをみなければならない教授がでた。大塚教授は、このために牢獄につながれ、それからしばらくして、杉本教授は月余にわたる留置場生活をよぎなくされたのである。わたくしのは三度目のケースである。事件のてんまつをじっとききとってから、佐野学長はポツリとただこういった。『力以上のことはやるものでない。』そこで父もわたくしも、内心ほっとして学長のもとを辞した。そしてわたくしも杉本教授とおなじく、学園にとどまることができたのである」

検挙の際に行われた家宅捜索により、刊行間近でほぼ完成していた『剰余価値学説史』の翻訳原稿が机上から持ち去られた。高島による翻訳出版の計画は葬られてしまったのだ。戦後、大塚金之助とともに訳稿の返還を求めたが、所在は不明のままである。暖をとるために燃やされてしまったのではないかなどと言われている。

大塚は、戦後一九五八年に著した談話筆記「その窓の灯は消えない」（『大塚金之助著作集』第六巻）なかで、「高島善哉君などは非常に立派な翻訳をしながらその原稿を全部警察に没収されてしまったのは、日本の学問の大損失であった」と語っている。このように、研究も教育も言論も圧殺されていったのだ。権力によって拘束されるということは、きわめて重大なこととということがよく分かる。

東京商科大学は、当時、多くの反体制派の学生を生み出すに至っていた。当局は、その徹底的な弾圧に乗り出していたのであり、高島に対する弾圧もその一環であった。その方法は、治安維持法違反を認めることを強制し、マルクスを論ずることを辞めさせるというものであり、このようなやり方は特高による弾圧の常套手段であった。

このようななかで、オットマル・シュパン（Othmar Spann）やゴットル（Friedrich von Gottl-Ottlilienfeld）などがもてはやされ、そしてリスト（Friedrich List）をもち出す学者が増えてきたのである。しかし、「これは困る」、「それを批判しなければならない」と考えた高島は、それ以後「どういう立場で」自分の「仕事をまとめたらいいかと、非常に苦労」していくことになった。

このとき以来、高島は「自分の学園のなかで、なんともいえない孤独感をあじわうようになった」（「四つの体験をとおして」）。そして、このときから「学究一路の生活が決定的にされた」（「処女作のころ」『人間・風土と社会科学』所収）のである。

こうして、ここでもまた、孤独な「ひとり旅」をつづけなければならないことになっていったのである。

▽「暗い谷間」での再出発

昭和初期の「暗い谷間」の時代のなかで、研究と教育の自由は奪われていった。そのころ高島は、中山伊知郎や山田雄三らとともに全体主義的な傾向をもっている学者ゴットルなどを読んだりして日々しのいだのだが、高島の学問的再出発は、ドイツ歴史学派の、とくにその「柱石である」エドガー・ザーリンの経済学史への傾倒とその研究からはじめられた。一九三五（昭和一〇）年一一月には、ザーリンの原著第二版（Edgar Salin, Geschichte der Volkswirtschaftslehre, 2.te Aufl., 1929）の全訳を『国民経済学史』として三省堂より刊行した。

一九三四（昭和九）年七月九日付の〈一橋新聞〉は、夏休みを目前にして「教授、夏の生活日誌」という記事を組み、そのなかで高島については次のように記している。

「最近健康を回復した高島（豫）講師はザーリン経済学史翻訳完成をはじめ、病気中実行できなかったプランを追い、正統学派の静態概念、特に利子及び利潤の静態的説明、人口、機械等経済与件の静態的経済理論への一批判をおこなう。研究の余暇を岐阜の郷里訪問、富浦の海水浴場等に遊ぶ」

強靱な精神力で、眼疾とノイローゼと検挙という自らにとって「のっぴきならない問題」（「四つの体験をとおして」）から見事に立ち直り、学究の道を三度力強く歩み出すと同時に、家族とともに余暇を楽しめるようになった姿が読みとれる記述である。

一九三四（昭和九）年は、高島がちょうど三〇歳になる年である。このころのことを、七七歳になったときに過去五〇年の学究生活を振り返って次のように記している。

「将来自分で講義を持たされた場合に何をやったらいいだろうかと、まあ、大変悩みまして一時はノイローゼになりましたけれども、ようやく方向だけがわかりかけてきたのが三十でございました。で、三十にして立つということですが、そういうことだけはなんとか出来たんじゃないかな」（「喜寿の顔と心」『自ら墓標を建つ』所収）

訳書『国民経済学史』に掲載されている「訳者小引」では、次のように記して新たな旅の第一歩を踏み出したことを表明していた。

「私は数年来健康を害してゐたが、昨年頃からやや小康を得た」と心身の復調への足取りを確認し、さらにつづけて「この間に社会的にも個人的にも自分の専門とする経済原論、特に経済学史の研究の上で人々は重大なる転機に立っていた。そして今なお社会も個人も悩んでいる。しかし吾々は悩みのうちに物ごとの初めを見たいのであって終りを見るのではない。このような暗中模索のうちに私の心に最も多く触れた書物の一つが本書である」と記している。

翻訳書に関しては、刊行された年の一一月二五日付の〈一橋新聞〉の書評欄で、「訳者は変に洒落ずに忠実に原文の味を出そうとしてゐるが学術書の翻訳はこれが本当である」と、杉村広蔵によって非常に高く評価されている。また、当時は三浦新七学長時代の粛学運動が盛んなころで、学内に研究熱が起こり、その年の一二月に三〇〇人ほど集まった一橋哲学会の学生の前で、高島自らがザーリンの著作についての報告を行っている。

そのすぐあとの〈一橋新聞〉に、本科の一人の学生が書いたザーリンをめぐっての強い関心を示す文章と、板垣與一による高島のザーリン論に関する論文が掲載された。訳書と報告の反響は少なくなかったようだ。

この翻訳書刊行に先だって、東京商科大学一橋新聞部編の『経済学研究の栞』（一九三五年）に、歴史学派の調査解説という形で第二章第二節「歴史学派」を執筆した。この「短い素描」は、「歴史学派における『死せるものと生けるもの』とを篩《ふる》い分けその現代的意義を見よう」（ルビ筆者）という意図をもったものであるが、その意義として以下の五つの点を指摘した。

❶歴史学派の先駆者の一人である「リストの功績には三つある。（一）生産力の理論、（二）発展段階説、（三）国民主義の思想」であり、そして歴史学派の「先駆者達の意義はスミス学派批

判と歴史的国民的見方の強調であるが、その実際的影響力とは別に全体としてまだ問題提出の域を出ていない」。

❷旧歴史派（ロッシャー、ヒルデブラント、クニース）の業績は「経済学における歴史主義を宣言し、経済理論の忘れられた一面を強調したこと」であり、彼らの仕事は「アダム・スミスの国富論がさうであるやうに、一つの途が行きつまったときいつも広大な視野を啓いて呉れる救世主となるものではあるまいか」。

❸ロッシャーにおいては、「経済と他の社会現象との関係（経済社会学—歴史的生理学的方法）、経済理論と経済史（歴史）との関係、歴史的個別研究と歴史的定型化の問題等が雑然と並べ」られているが、「これらの問題こそ依然として今日の問題である」。

❹「クニースは因果的関連の概念を定型の概念に転化することによって理論と歴史との一つの綜合の仕方を教えた」

❺「歴史的なる志向の上に理論的なるものを包括しようとする歴史学派の精神が一応ゾムバルトにおいて実現された」。しかしザーリンは、「歴史派の精神のみが交換機構一点張りの数量的経済学における限界の狭隘さと学問的不毛とを救ふものだと考へているが、ゾムバルトが用いた理論は半真理である、吾々は真に使用し得べき理論を構成しなければならぬとした」。

全体としては、ザーリンの『国民経済学史』を「歴史学派が現在何を問題としてゐるかを知るには必読書である」と捉えて紹介した。その後の高島の研究の「直接の誘因となったものは明らかにザーリン教授からの刺戟」であり、ザーリンの影響は非常に大きかったのである。なお本書は、一九四四年に『経済学史の基礎理論』と改題のうえ改訳され、原著者名も「ザリーン」と改められ、新たに「訳者解説」を附して刊行されている（以下、原著者名をザリーンと表記する）。

こうして「ドイツ国民経済学の成立と性格の研究」へと向かうこととなり（『経済社会学の根本問題』）、その後数年間は、歴史学派の勉強を徹底的に進めていった。なかでも「もっとも重要な成果」は、リストとゾムバルトの研究であった。「西欧資本主義の産み出した最後の巨匠と認めてよい」（「ゾンバルトの学風」『高島善哉著作集』第一巻所収）と善哉が見たゾムバルトの、「経済学と社会学との統一、即ち経済社会学への要求」（前掲書）という発想と「体制」（System）という発想から強い影響を受けた。

そして、当時は「リストのようなものをほめあげる傾向があって、世の中もそう」（「学問遍歴を語る高島善哉先生」〈経済評論〉一九九〇年七月号）であったので、そのような傾向を批判するためにスミスからドイツ歴史学派を批判的に研究していったのである。

▽東京商科大学の温情主義――東京商科大学予科教授就任

大塚金之助が山田雄三に宛てた一九三五（昭和一〇）年九月一一日付の私信を見てみよう。

> 私は、福田博士の日本における業績の偉大さを年と共に尊敬し、同時に自分の無業績を恥ぢるやうになってゐますが、ともかく精進して自分の研究の道を進みたいと思ってゐます。その際にいつも気がかりになるのは、博士の門下の人々のことです。
> 然るに、井藤君は学位を得られ、中山君は着々と仕事に入つてをられ、大兄の留学は決定し、高島君の身分も確定し、杉本君の学界における地位も見通しがつきました。大兄の留学と高島君の身分決定とを最後として小生はもはや商大に何一つ想ひのこすことなく、肩の荷が急に下りたやうに思はれ、安心した気持で自分の仕事に熱中することができます。……
> 大兄の留学と高島君の地位決定とは、小生近来の愉快です。福田博士も地下で安心してをられると想ひます。

ここで大塚が「高島君の身分も確定」とか「地位決定」と言っているのは、東京商科大学予科教授に決まったことを指している。

一九二七年に大学助手に採用されてから一九二九（昭和四）年七月にその座から降ろされたあとは補手という身分保障のない境遇のもとにあったが（ちなみに、その補手も、一九三三年一〇月には「自然退職」となっていた）、官吏で有給の助手が行うのとまったく同様に、本科のゼミの「研究指導補助」と予科の「経済通論」も担当してきた。

先にも述べたように、こうしたなかで同年から予科の「ドイツ語」と「経済通論」の講師はつづけることはできたが、当時は専任講師の制度がなかったために身分の不安定な「非常勤講師」であったのだ。助手解任後六年目にして、ようやく身分的に安定した官吏としての予科教授に任命されたのである。任命の経緯についてはよく分からないが、発令されたは一九三五（昭和一〇）年七月一〇日であった。

結果的には、東京商大からはまったく縁を切られるということにはならなかったのである。これが、この大学の「温情主義」と言われたものであった。

一九三八（昭和一三）年になると、三月三一日付で東京商科大学助教授に任命された。これは、三月二一日の定例教授会において、高島、伊坂市助、田上譲治の三人がともに助教授となることが「満場一致を以て決定」したことを受けての辞令であった。さらに、一九四一（昭和一六）年三月一七日の学部正教授会において、助教授の山田雄三と吾妻光俊が正教授に、高島は兼任学部教授が内定し、四月一日付でともに昇進した。〈一橋新聞〉は、この三人の「教授昇進は屢々《しばしば》噂されたところで、その活躍は注目されてゐる」（ルビ筆者）と報じている。

とはいえ、大学の助教授になったときも教授となったときも、高島の場合は「正助教授」「正教授」ではなく、いずれも「兼任」という処遇であった。「ぼく、高島に悪いことした」と山田雄三が当時本科学生であった水田洋に語っていたと、山田を追悼して水田が書いた「おだやかな学風にふれて」（『春秋』一九九八年四月号）のなかに記されているが、助手を解任されて以後の高島は、学内では傍系を歩むことが決定づけられたのであった。

この間高島は、一九三六（昭和一一）年四月からの一年間は大倉高等商業学校（現・東京経済大学）で「経済原論」担当の講師も務め、また一九四〇（昭和一五）年四月から四四年三月までは中央大学経済学部の講師も兼任して「経済原論」と「英語経済学」を担当し、さらに後半の約二年は中央大学で院生の指導にもあたった。

▽戦時下、予科教授として

東京商科大学予科が石神井に置かれた期間は、一九二四（大正一三）年四月から一九三三（昭和八）年九月までと長くはなかった。国立に移った本科との間の交通の不便さを解消するために、石神井から小平へと移転が行われたのである。

石神井での予科時代は九年半であったが、運動部・文化部の華々しい活躍と、「予科ＳＰＳ」の活発な活動があった。また一九三一（昭和六）年には、恐慌と軍拡による国費の膨張に対処するための文教予算削減の一環としてもち出された予科・専門部廃止案を撤回させるという「籠城事件」があった。これは、全学一丸となったレジスタンスの勝利であった。

これらはいずれも東京商科大学予科の校風を特色づける基盤としての位置を与えられていくことになったものであるが、しかしながら小平に移る年の二月から三月にかけて十数名の予科生が検挙されたという事実もある。彼らはのちに復学を許されたものの、石神井での予科は受難のなかに幕を閉じたのである。

すでに述べている通り、高島の予科講師としてのスタートはこの石神井からであった。

一九三七（昭和一二）年の盧溝橋事件をきっかけにはじまった日中戦争は長期化し、一九三九（昭和一四）年にはノモンハン事件が起こり、価格統制令や米穀類の配給制が公布されるなど戦時経済色が強まり、ヨーロッパではドイツがポーランドに侵攻して第二次世界大戦がはじまった。翌年には日本軍が北部フランス領インドシナに進駐するなど、アメリカ・イギリス・オランダなどとの間における緊張は極度に高まっていった。自由と自治の伝統を誇る大学内にも、勤労動員

昭和十七年四月廿五日
一橋新聞
(一)
一橋新聞
號外 豫科版
一橋の傳統を再建
最後の戰士たれ
高島新學生主事挨拶
入國式
◇高島學生主事挨拶要旨
新しき生活を作り出さねばならぬ
時代意識の確立とその正しき把握
學内諸問題を諮問
注目すべき生徒總會
空襲警報下の
剛健旅行終る
學徒自戒五條に
協議會討議盛ん
國內情勢に對應し
催し物を中止
世界史的考察の立場
上原教授の講演
豫科文化の發展へ
各研究班發足す
豫算折衝了る
三學年團費改變か
近く總會に諮問
學級幹事會
一學年幹事決定
締切は六月末
一橋

〈一橋新聞〉号外予科版（1942［昭和17］年4月25日付）

や軍事演習が実施されるなどファシズムの波が襲いかかってきていた。

このようななかでつづけられた予科での高島の講義を聴講して、「これぞ大学生活だという感激を味わった」と、一九四〇（昭和一五）年に入学した菅（大陽寺）順一が思い出を綴っている。それは、予科一年の「商業通論」の講義で、その講義の題名から「何かカネ儲けの話でも聞かされるのかと思っていた」ところ、冒頭から田辺元の『哲学と科学の間』やゾンバルトの「体制」概念とかに言及したもので、その「難解にして深遠なる話に度肝を抜かれ、それ以来すっかり高島信者になってしまった」（『昭和十八年学部入学会五十周年記念文集』）と言っている。

▽白票事件

一九三五（昭和一〇）年は、二月に天皇機関説事件[3]が起こり、八月には岡田啓介内閣が「国体明徴声明」[4]を出した年であり、その翌年には二・二六事件[5]が起こっている。東京商科大学では、

（3）一九三五（昭和一〇）年、貴族院で菊池武夫が美濃部達吉の憲法学説を反国体的学説と非難したことから、政府の取り締まりを要求する国体明徴運動が起こり、政治問題化した。美濃部が貴族院議員を辞任し、その著書が発禁となったことで決着した。

この時期に、のちに「中西事件[6]」と「籠城事件[7]」と並んで「一橋の三大事件」の一つと呼ばれるようになる「白票事件」が勃発した。

一九三五（昭和一〇）年七月九日の大学教授会で、井藤半弥、加藤由作、杉村広蔵の三人の学位請求論文の審査報告と票決が行われた。二人の論文は通過したが、杉村助教授の論文は、二一名の出席者による票決の結果、白票が七票出たことによって否決となった。ただちに、七票もの白票が投じられたことに対する批判が学内で高まった。七月三〇日には、中山伊知郎、上原専禄、高島善哉らを含む助教授・助手・専門部教授一五人から教授会宛に意見表明が出された。これは、多数の白票が出たことを憂慮するとともに、教授会において白票の可否を決することは重大な結果を招くことになるのでそのような処置はとられるべきではないというものであった。その後、学生や如水会をも包み込んで、たちまち学内を「反白票派」の若手教員と「白票派」の中堅・長老教授に二分

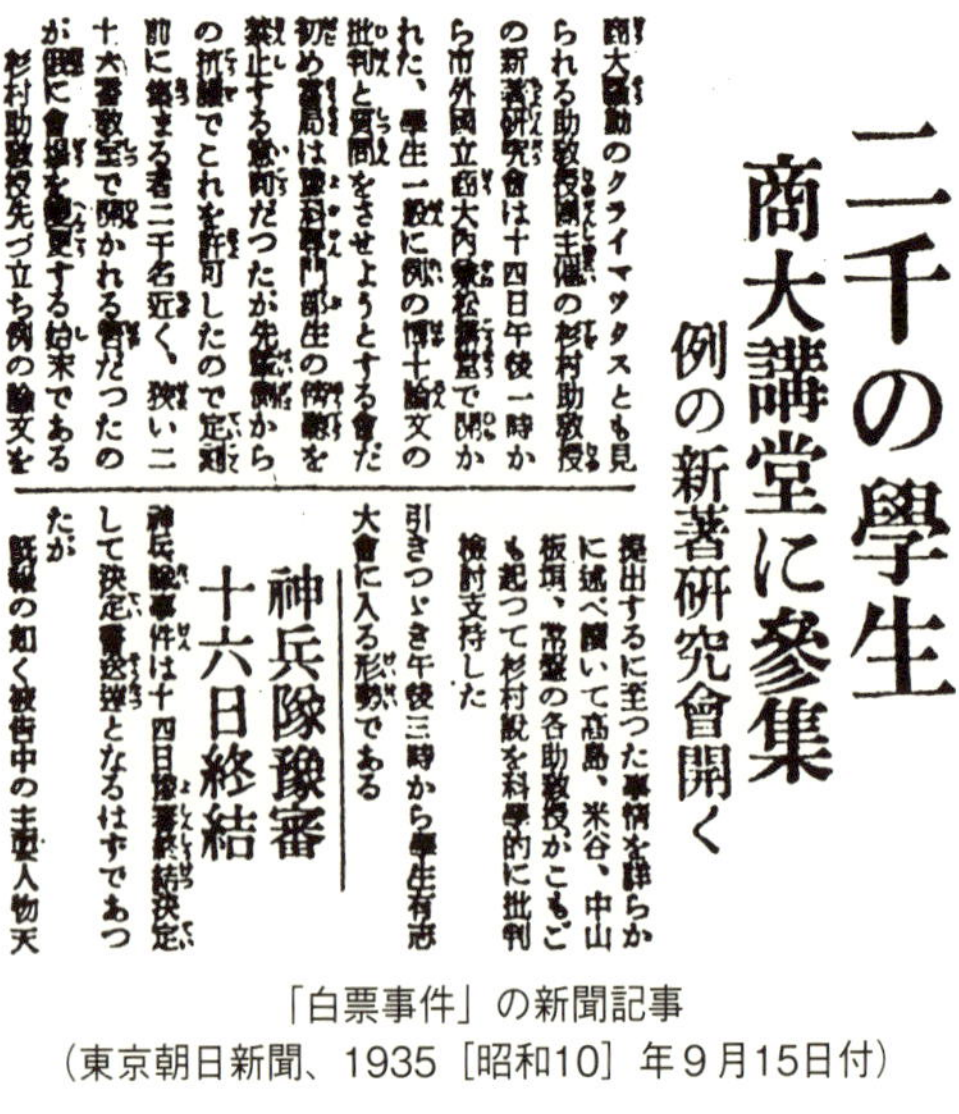
二千の學生
商大講堂に參集
例の新著研究會開く

商大騒動のクライマックスとも見られる助教授團主催の杉村助教授の新著研究會は十四日午後一時から市外國立商大内兼松講堂で開かれた、學生一般に例の博士論文の批判と質問をさせようとする會だ初め當局は豫科専門部生の傍聽を禁止する意向だつたが先輩側からの抗議でこれを許可したので定刻前に集まる者二千名近く、狹い二十六番教室で開かれる筈だつたのが講堂に會場を變更する始末である 杉村助教授先づ立ち例の論文を提出するに至つた事情を詳らかに述べ續いて高島、米谷、中山板垣、常盤の各助教授がこもごも起つて杉村説を科學的に批判檢討支持した
引きつゞき午後三時から學生有志大會に入る形勢である

神兵隊豫審
十六日終結

神兵隊事件は十四日豫審終結決定して決定書送達となるはずであつたが
既報の如く被告中の主要人物天

「白票事件」の新聞記事
（東京朝日新聞、1935［昭和10］年９月15日付）

してしまうという紛争に発展した。

九月五日、杉村は「著者はここに、東京商科大学教授会を通過せざりし論文を公刊して大方の批判を仰がむと欲する」との序文を付して、岩波書店より『経済哲学の基本問題』と題した本を

（4）一九三五（昭和一〇）年、天皇機関説問題に関して軍部と右翼が日本は天皇主権の国家であることを明確にする運動を起こし、国会も国体明徴決議案を提出した。岡田（啓介）内閣は「国体明徴に関する声明」を出し、天皇機関説を排撃した。

（5）一九三六（昭和一一）年二月二六日、右翼と結んだ陸軍皇道派の青年将校が千数百名の兵を動員して起こしたクーデター。この反乱は鎮圧されたが、事件以後は軍部の勢力は一層強化された。

（6）東京高等商業学校では一九〇〇（明治三三）年ころから商科大学への昇格の気運が高まっていた。一九〇八（明治四一）年、東京高等商業学校の学生たちが学長に提出した大学昇格の請願書を校長が破ったことから校長不信任決議にまで発展した。一方、東京帝国大学内に経済科を設置する案を進めていた文部省は、一九〇九（明治四二）年五月、東京高等商業学校の専攻部廃止を決定した。これに対し、全学生と同窓会は猛烈な反対運動を展開し、学生大会は総退学を決議して専攻部廃止を撤回させた。この事件は十二支の一九〇八年申《さる》の年に始まり、翌酉《とり》の年に終わったので「申酉《しんゆう》事件」と呼ばれている。

（7）一九三一（昭和六）年一〇月、政府の行政財政整理案に東京商科大学の予科および専門部の廃止が含まれていることに対して教授会が絶対反対の決議をしたのに呼応し、全学学生は大会を開いて反対決議文を作成するとともに、総退学を決意して一橋の旧校舎で学生二千余名が籠城を決行した。こうした猛反対の前に、文部省は予科、専門部の存続を決定した。全学を挙げて「官」の攻勢から大学を守り抜いた事件として東京商科大学の歴史に刻まれている。

刊行した。その新著の研究報告会が、九月一四日午後、若手教員からなる有志によって開かれた。当然、教授側は欠席したが、本科、予科、専門部、教員養成所の学生・生徒のほぼ全員に近い二〇〇〇人によって国立の兼松講堂は埋め尽くされた。山口茂助教授の司会で進められたこの会は、杉村本人による新著公刊の経緯の説明にはじまり、中山伊知郎、高島善哉、板垣與一、常盤敏太、米谷隆三がそれぞれ杉村説を学問的に検討し、その正当なることを論じた。そのときの高島について、板垣與一は次のように思い出として語っている。

「颯爽と登壇した高島学兄は、経済哲学の何たるかをつぎのように述べた。『哲学にもあらず経済学にもあらず、経済学にもあらず哲学にもあらず、これが経済哲学だ』」

　この事件が起こると、「若者会」のメンバーは一致団結して行動を起こした。翌一九三六（昭和一一）年二月二五日の夜には、粛学運動の真の意義を発揮するためには両派の喧嘩両成敗的な処断であっては困ると、佐野学長に代わって事件の「火消し役」として登場した三浦新七新学長が投宿している東大の赤門近くにある旅館に板垣らが直談判に行った。「若者会」の決意表明の内容は、新学長への一〇名の辞表提出であった。その辞表を懐にしていたのが高島であった（一九八四年七月一四日「高島善哉傘寿の会」での板垣のスピーチ）。

　これに先立つ一月一八日、三浦新学長は杉村に対して辞職勧告を行ったが、それに杉村は応じなかった。このような勧告に対して、高島善哉、大平善梧、高橋泰蔵、太田可夫の四人の予科教授は、二月六日、不登校という手段で抗議の意思を表し、担当授業は休講となった。高島を除く三人は、翌日も不登校を通している。

こうした予科教授四人の意思表示にこたえるように、予科三年生の二〇〇余名が「辞職勧告絶対反対」の声を上げるに至った。しかし結局は、審査委員であった高垣寅次郎教授、本間喜一教授、それに杉村助教授が五月に免官となり、六月一日までに一応の解決を見ることとなったのである。

高島が助手になった年の暮れに行われた懇親会のときに漠然と感じたこと、つまりこの大学には「何か正しくないもの、公平ではないもの、思いもかけないもの」が隠されているということが白日のもとに噴出したのであった。後年板垣は、「昭和八年に補手になってみて、ブツブツとメタンガスが出ている。（中略）なんか知らんがメタンガスのようなものが充満している」ように感じた。そして、「粛学」「粛園」の爆発が「白票事件」だったと述べている（一九九八年一月一三日、板垣宅でのインタビューに応じて）。「白票事件」の底流には、学術が沈滞し、人事が停滞していることに対する若手の不満が積もってきていたことがあったのだ。

事件のあと、「最高学府の確立に」（昭和一一年六月三日全一橋学生大会の「声明」）向かおうという意識が張っていった。本科では、学生の学問意識を高めて学問的水準の向上を図って共同研究を行うための組織として「一橋《いっきょう》学会」が生まれ、予科では各種研究会が発足していった。白票事件および粛園運動に際して学生側の中心的な役割を演じた船越経三は、当時「社会情勢と商大内部の雰囲気との間には大きなズレがあった」として、後年座談会で次のように語っている。「大学は非常に自由主義的で、何を勉強してもよかったし、何一つ干渉めいたものはありませんでした。ですが、社会情勢は急速に右寄りに進んでいた」（「戦時下の反戦学生運動(1)」〈書窓〉三一号）

一方、教員の側においては、三浦の後を受けた上田貞次郎学長の計画のもとで、増田四郎と板垣與一が一九三七（昭和一二）年九月ころから実務を引き受けて、全学の教員による研究発表の場である学術月刊誌〈一橋論叢〉の第一号が一九三八（昭和一三）年一月に発行されるに至った。その後、「一橋学園の総合性をめざすものであった」この学術誌は、「確かなる歴史的直観を以て、学問に於ける認識態度の全的変化を看取し、そこから新しく学問の出発すべき根本問題を正しく掴みとる」（第一号序文）使命を果たしてきたが、七〇年を経た今日に至ってはもはや「総合性をめざす」必要がなくなり、新たな使命が要請され、それぞれ個別の専門的学術誌への発展的継承が望まれたのであろうか、二〇〇六年三月号（第一三五巻第三号）を最後に廃刊となった。

▽本科の講師、助教授、教授として

一九三七（昭和一二）年は日中戦争が起こり、東京大学経済学部の矢内原忠雄が大学を追われた年であるが、予科教授であった高島はこの年の四月に大学講師を嘱託された。この年度は本科で「経済学史特殊問題」の講義を担当し、リストを中心として歴史学派の諸問題を論じた。そして、翌年から大学の兼任助教授となった高島は、この年以降、本科の講義のほかにゼミナールも担当するようになった。

一九三八（昭和一三）年度からは「経済学史」が第一講義と第二講義の併行講義で行われ、第一講義を山田雄三が、第二講義を高島が担当した。この科目は、前年の学生生活調査においても開講が要望されていたものであり、高島はドイツロマン派の経済学の成立と発展を主題として、フィヒテを中心にアダム・ミュラー、リストなどを取り上げてドイツ経済学史を講じた。

次年度の「経済学史（第二講義）」では、アダム・スミスにおける市民社会の把握と、その批判史の一部としてリカード、マルサス、ローダデール、リカード派社会主義、J・S・ミル、シスモンディ、フィヒテ、ミュラー、リスト、クニース、シュモラー、ヴェーバー、ゾムバルト、ゴットルらを取り上げて論じた。

これらの講義からも明らかなように、このころすでに（内輪においてはともかくとして）、表向きには自由にマルクスを論ずることは不可能となっていたのである。丸山泰男は『戦争と一橋』のなかで、高島は「昭和一二年頃から、学部で『経済学特殊問題』や、一六年から『社会学』の講座を担当したが、これまた二〇年の敗戦の日までマルクスに言及することはなかった」と述べている。

こうして、「何にも身動きができなくなって」しまった。「昭和一七年ぐらいになるとマルクスのマの字も」使うことができなくなったし、すでに言論の自由はなくなっていて、高島自身「僕らもなにも書けなくなってきたし、非常に用心していた」と述べている。他大学における同様の弾圧を避けるためには、極力慎重な言動に徹するほかはなかったのである。この間、高島はゾムバルト、ヴェーバー、テニエス、ゴットル、スミス、さらにホッブズなどの研究をつづけた。しかし、国立の図書館内にあった高島の研究室には、戦争中もマルクスの『資本論』は置かれていた。ここまでは監視の目が入ることはなかったのだ。

〈一橋大学年譜〉の一九三七（昭和一二）年の記録を見ただけでも、大学内に戦時色が急速に浸透してきていたことが分かる。たとえば、一橋会の臨時総会で「学生の本分を守り時局克服へ邁進のことが決議」され、さらに時局に対する認識を深めるための一四人の教授による「時局特別講義」が開催され、予科では「国民精神総動員行事の一つとして、予科教職員三〇名および生徒六一五名が武蔵瀧山城址へ島本中佐指揮のもとに行軍」が実施されていたのである。

そもそも一橋会というのは、一九〇二（明治三五）年に発足した学生による初めての自治組織であり、一九二六年には社団法人化され、東京商科大学のリベラルな校風の象徴であったのだ。

一九三九（昭和一四）年には、一橋学会の主要メンバーが次々と検挙されるという事件が起きた。一月には五人が卒業を目前にして検挙され、さらに五月には高島ゼミナールの本科一年からの一期生の一人で、当時本科二年であった一橋学会委員長の山田秀雄も、さらに六月には活動的な残りのメンバーも検挙され、中心的な二、三年の学生はすべて検挙されてしまったの

一橋大学附属図書館。この建物内の一室に高島の研究室があった（2009年9月筆者撮影）

である。最終的には、東京商大では二十数人が検挙され、五人が起訴されたのである。

一九三八（昭和一三）年の神戸の大水害の救援活動を「全国的な反戦運動に発展させる意図のもとに行っていた」という理由で、救援活動に接触していた本科三年の船越経三らの検挙からはじまったことだが、一橋学会で自主ゼミのような形で行っていた読書会の活動が検挙の名目とされたのである。たとえば、山田らが行っていたのは一橋学会社会政策研究会の活動の一つとして、板垣與一助教授の指導のもとで大河内一男の『独逸社会政策思想史』の読書会を行っていただけであったが、特高警察は彼らに「商大非合法グループ」という名称を与え、治安維持法違反事件として検挙していったのである。

一九三七（昭和一二）年の一橋会の臨時総会よりも前に配属将校の大佐が一橋会の理事会と一橋学会を「赤の巣窟だ」と言っているのを間接的に聞いた船越が平井潔と二人で大佐に会って決してそうではないと説明したときも、「おまえらのことは、軍事警察の力を借りてでも調べあげる」とだけ答えていたという（『花開く東京商科大学予科と寮』）。

山田が検挙された翌日に山田の家にかけつけた水田を、そういう場合にそういう所に行くものではない、危険だと高島は叱った。数日後、水田が学生課長に呼ばれて警告と訓戒を受けている間、高島は学生課長室の前で待っていたが、このように外で待つということは二度目であった。学生に寄り添いつつ学生を守らなければいけないという気持ちからの行為であった（水田洋『ある精神の軌跡』『人のこと本のこと』)。

田中啓一（一九四一年三月本科卒）によると、パールハーバー攻撃の直前、高島ゼミ生の一人で、朝鮮の鴨緑江河口新義州出身の神戸高商（兵庫県立神戸高等商業学校。現・兵庫県立大学）から来た玉明燦が特高警察に逮捕連行され、その後動静が不明になったという。これは、一二月二七日の本科卒業を目前にしてのことであったが、高島にはどうすることもできなかった。玉と同期の水田は、「体格もよかったから日本軍国主義が見のがしたはずはない」と推測している。

▽処女作

学窓を出てから十数年、高島は一九四一（昭和一六）年三月に処女作である『経済社会学の根本問題』を刊行した。その準備にはほぼ一〇年の歳月を費やしたわけだが、著作の「直接の誘因となったものは明らかにザリーン教授からの刺戟」であった。その「序文」で次のように述べている。

「ザリーンにおける直観的理論と合理的理論の関係を討究すればするほど、私はリストとスミスの関係を問はなければならなくなり、リストとスミスの関係を究めれば究めるほど、私は一方においては近代経済学の純粋な発展に対して、他方においてはこれに対する反定立とも考へられる政治経済学の擡頭に対して、疑惑を深めざるを得なくなった。かくて私はこの二つの経済学に対するいはゞ第三の科学として経済社会学的立場に想到したのである」

疑惑と批判の対象は、近代経済学（純粋経済学）と政治経済学の両者なのである。念頭に置かれていた研究者は、前者としては中山伊知郎や山田雄三らであり、後者としては大熊信行や板垣與一らであった。そして、高島の「第三の科学としての経済社会学」は、「歴史的にして同時に理論的たらんことを欲している」のであった。これは、卒業論文において提起した「経済理論」と「歴史的なるもの、社会的なるもの、流動的なるもの」は「如何なる理論的組織を以て科学的に包摂し得るのであるか」という問題への解答であった。問題意識としては、国民主義に立脚したリストの経済理論の復興に対する批判意識であった。当時、「日本が全体主義化するにつれて、今度はリストを持ち出す学者がふえて」きて「もてはやす人が出てきた」。そのような状況下の「現代日本に対決するという意欲」のもとに、「リストを批判して時局と対決」していったのである。つまり、「おし寄せるファシズムへの批判と抵抗の意味がこめられて」いたのである。そして、「リストと対決する仕方として、スミスと比較してみる方法を選んだ」のであり、「だから学説史研究に借りて、現実問題を論じ」るという形をとったのであった。

「第三の科学として」、なぜ「マルクス主義の経済学」ではなかったのだろうか。当時は、「公然とマルクス主義の立場をとなえることには異常な勇気が必要であった」のである（「処女作のころ」）。すでに述べたように、一九三三（昭和八）年には特高に捕まっていたのである。

原稿からゲラ刷りの段階まではマルクスの名が至る所に出て「マルクスの問題意識ととり組もうとする姿勢が強くはっきりと打ち出されていた」が、刊行された著作にはマルクスの名はどこにも記されていなかった。校正の段階で修正が加えられたのである。

「本論の殆ど全部」を一九四〇（昭和一五）年の夏季休暇中に書き下ろして八月末に原稿のすべてを出版社にわたした高島は、九月一五日から一〇月末まで「満州国」および「中華民国」の経済情勢を視察するために大陸へ出掛けた。帰国後、〈一橋新聞〉の号外予科版に寄稿した旅行記「支那旅行の印象」の末尾に「単に現在のみに眼を奪はれて、過去を見失ってはならないし、過去への追憶のために未来への展望を損ねることはさらに禁物である。私はこの点で些か自分の学問的研究に自得するところがあったやうな気がする。これが今度の旅行の一つの収穫であった」と記したこの旅行は「在外研究ができなくなったことの代償であった」と言われているが、留守中に進められた校正と索引作成という仕事は、高島ゼミナールで当時本科三年の山田秀雄と、同じゼミナールで本科二年の水田洋の共同作業によって行われた。

しかし、高島、山田、水田の三人がそれぞれ書いた後年のエッセー（高島「処女作のころ」『人間・風土と社会科学』所収、山田「高島先生の処女作が執筆され、出版された頃」『高島善哉著作集』第一巻月報所収、水田『ある精神の軌跡』）をあわせ読むと、字句の修正に苦慮したことが分かるので紹介しておこう。

時局と著者の「前途を心から憂慮した」山田と水田は、「校正のたびに訂正をくわえ」て「奴隷の言葉」で擬装し、「その部分の調子を改めることを提案」した。基本的には二人は同意見だったが、「前年に特高に逮捕され、三カ月ほど留置場生活を経験」していた山田は「特にこだわった」ようだ。両人の「心情を受けいれた」高島は、「ほとんど校了に近かったゲラ刷りの最初の二、三ページを全部書き直し」、二人によって指摘された「実に多くの要注意の箇所」の「字句の抹消か変更」を行い、「資本主義社会という表現の変更」も行った。さらに、山田が語るところによれば、二人に指摘された所以外の部分についても、自らの判断で書き改めたのである。

すべての作業が完了した発売前の冬のある日、高島は校正と索引作成のお礼にと二人を渋谷のフランス料理店に招待した。そして、食後は三人で浅草の寄席を楽しんだわけだが、こうして戦時下にファシズム批判と抵抗の学術書を刊行することの緊張感から解放されたひとときをもつことができた。

高島はこの書物のタイトルを『スミスとリスト』とするつもりでいたが、「そんな表題では書物が売りにくい」という出版社の考えを受け入れて『経済社会学の根本問題』とした。さらに、日本評論社の一員としてその編集制作を担当した鈴木三男吉（旧姓森）は、後年、その出版の経緯を語るなかで書名に関して大略次のように述べている。

> 杉並の天沼の高島先生のお屋敷にほとんど日参してご了承を得て、一冊にまとめたのが『経済社会学の根本問題』です。日本評論社では、昭和一四年に杉本栄一先生の『理論経済学の基本問題』、つづいて昭和一五年に大河内一男先生の『社会政策の基本問題』を出していた。そこで私たちは、やはり『理論経済学の……』も『社会政策の……』も『……基本問題』という書名がついているから、高島先生のも『経済社会学の基本問題』としようではないかという腹案でまいりましたところ、先生は「それはいかん、それは先輩の真似をするようで絶対いかん、『……根本問題』で云々」ということで、高島先生のは『経済社会学の根本問題』になったのです。

杉本と大河内の本はともに赤い布製の表紙であったが、高島のは、それらとは異なり紺色と「先輩の」ものと差別化されている。しかしこれは、戦時下での「造本材料の不足の結果」なのであったと水田は言う。

また鈴木は、出版の経緯を語ったあとで、発行部数に関しては次のように言及している。

昭和一六年の初版本は社内には残っていませんでした。というのは、いかによく売れたかという証拠になります。私の推測では、第四刷までに五〇〇〇部が売れて、第五刷目で三〇〇〇部つくったということなので、合計八〇〇〇部になったと考えられます。

この著作の出版は、当時「とても大きな反響」を呼んだ。多くの読者が、現状批判に、すなわち「反ファシズム的なそのムードに共鳴してくれた」のである。「そして少なからざる数の読者は、さらにこの書物の中に、マルクス主義の姿勢と意識をみてとった」のである。

当時、高島に「マルクス主義の姿勢と意識」を読みとった者がほかにもいた。処女作の刊行された翌年に発表された論文に着目したのは、右翼思想家の蓑田胸喜が率いる原理日本社[8]の姉妹組織と言われる「精神科学研究所」であった。

精神科学研究所が発行しているパンフレット「マルクス学説の再擡頭——東京商大教授『統制経済の論理と倫理』研究」（一九四三年一月二四日）は、「執拗にも尚マルクス理論は今日大東亜戦下の思想界より跡を絶っていない。東京商科大学教授が轡《くつわ》をならべて執筆している『総力戦経済の理論』（東京商大一橋新聞部編、一九四二年一一月一五日発行）の中に収められた、高島善哉氏の『統制経済の論理と倫理』もそれで、マルクス経済学が巧妙に粉飾せられているのを見出すので、再びその主張を出来うる限り詳細に分析し、識者の御参考に供したいと思う」と記している。

高島のこの論文は、現状批判でありファシズム批判であった。後年高島は、「学問・人生・社会（Ⅰ）」のなかで、「どんなに権力で政策を強行しようとしても、経済にはそれ自身の論理がある。お説教や倫理ではどうにもならない論理がある、ということを多少難しい形で書いたものですが、それがたちまち検閲にひっかかってしまいました。おかげでこの本が発禁になってしまいました。よく売れたのですが」と述懐している。

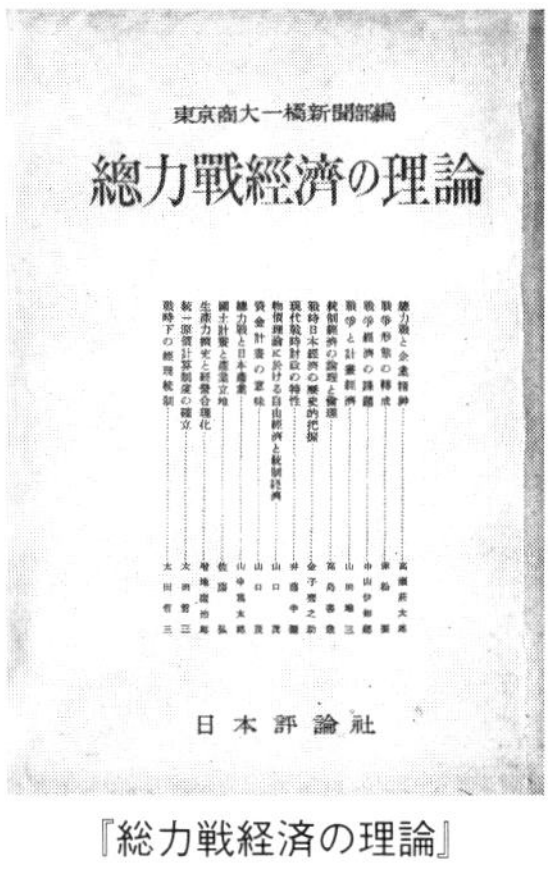

『総力戦経済の理論』

そのパンフレットの「結語」を見れば、精神科学研究所が何を目指していたかがよく分かる。

「共産主義は絶滅せざるべからず、大東亜戦争完遂のためには、共産主義に対する勝利は必須要件である。吾人は銃後にある限り極めて困難ではあるがますます一層の努力をもって凶逆思想の究明に努力し、聖戦完遂に全力を捧げんことを誓ふものである」

高島がきわめて危険な状況に置かれていたことは言うまでもない。船越経三は「私の学問遍歴

（8）一九二五年に蓑田胸喜らが結成した右翼団体で、昭和戦前期の学問・言論の弾圧の先兵となった。

の過程」（神奈川大学経済学会『商経論叢』第一八巻第一号一九八三年一月）のなかで、そのころを振り返って次のように述べている。

『経済社会学の根本問題』は「学会に大きな反響をもたらしたものであったが、当時、特高の監視下にあった私は、読むことはおろか、手もとにおくことすら不可能だった」。

第6章

学生と大学を守り、未来に生きる

▽太平洋戦争勃発と高島の訓辞

一九四〇（昭和一五）年に第二次近衛内閣が成立すると、軍部の圧力と文部省の本格的な文教統制が強化され、東京商科大学では一九四一（昭和一六）年二月一一日に一橋会の臨時総会が開かれ、伝統の学生自治機関である「社団法人一橋会」がはかなくも解散と決まった。それに代わって「一橋報国団」が誕生し、陸上競技部などは報国団のなかの鍛錬部に包含されることになった。そして、二月二二日には小平予科講堂において「予科会」もまた解散となり、「予科報国団」の結団式が行われた。これは、予科長を団長として、教官と予科生の全員を団員とするものであった。またこのとき、高島は教授八名からなる理事の一人となった。

太平洋戦争がはじまった一二月八日、文部大臣は全国の大学から国民学校に至るまでの教職員・学生生徒に対して対米英開戦に関する訓令を発したが、平田清明（高島ゼミ、昭和二二年本科卒）によると、その日に高島は、当時予科報国団の総務部幹事長という名のもとで事実上の自治会の委員長をしていた平田に予科生全員を集めさせて「予科学生補導課長としての訓辞」をしたようだ。それは次のような「忘れがたい言葉」であったという（平田清明「歴史の反省・古典

と現代」『立命館産業社会論集』第三一巻第四号、一九九六年三月）。

「諸君は、今日から始まった大東亜戦争の最後の戦士である。遠くない日に諸君は戦場に征くであろう。戦地において卑怯未練といわれてはならぬ。青白いインテリと笑われてはなりません。しかし、その時まで諸君はこの大学で今まで同様にしっかりと勉強してほしい。諸君の任務は戦後の経営にある」

当時、予科三年の大箸和夫（昭和一九年九月本科卒）は、開戦を伝える放送後の授業の冒頭で、「たいへんなことを始めてしまいましたネ」と高島がコメントしたと伝えている。そして、下宿で放送を聞いたときに「一大事と思う反面、キラキラと朝日に輝く太平洋というようなイメージもあった」大箸にとって高島の言葉は「深く耳に残り、時と共にその意味する処は重味を増して行くこととなった」と述懐している（『郁水五十年』）。

▽昭和一七年の予科入試

一九四二（昭和一七）年まで、予科では通常の通りの勉強をつづけることができた。その年に東京商科大学予科に入学した本間要一郎（高島ゼミ、昭和二三年九月本科卒）は、予科入試に関連して次のように語っている（要約して紹介）。

　学科試験で入学した者に対して面接試験というのがあった。いったん合格した者に対する、試験というより面接です。それと、身体が弱い者には身体の精密検査があり、僕は精密検査に回されたけど無事にパスした。面接は、本科の一階の一つの部屋で行われた。面接は真ん中に高島さん、その隣に可《べく》（太田可夫）さん、それともう一人の三人対一人の受験生という形で行われた。そのとき高島さんは、まず「非常時ということばがあるが、それについてどう思うか？」という質問をした。戦時下だからこそ、戦争についての考え方を聞こうと思ったのじゃないかな。あるいは、いわゆるどの程度軍国少年かということを見極めるために聞いたのかもしれない。隣の部屋では入寮の選考会みたいなのがあった。そこでは寮の部屋長たちがずらっと並んでいて「今までどんな本を読んだ？」とかさまざまな質問をし、それに対して『愛と認識との出発』だとか漱石だとか答えると、「そんな甘っちょろいのではだめだ。この大学は社会科学の殿堂だ」ということを言って説教をされた。これを通らないと入学取り消しになるんじゃないかと勘違いした人もいるらしいが、そうではない。一年生だけは全寮制の建前であったが、入寮定員の関係で五〇人ほどの通学生がいて、入寮する二〇〇人弱の新入生がそれぞれ寮生活に耐えるかどうか見ておこうというわけであったと思われる。

この年の予科一年の「商学通論」の講義はゾムバルトの体制概念からはじまり、リストなどに入っていったが、そのあとの内容はだいたいマルクスみたいな話であった。高田保馬の『第二経済学概論』がテキストとされていたが、それは一種のカモフラージュで、テキストはまったく使わずに講義はそれとは全然別であった。

▽学生主事就任

一九四二（昭和一七）年三月三一日、高島は予科学生主事に任命された。前任者の太田可夫教授が京都大学へ一年間の内地留学をすることに伴い、その後任として発令された人事である。

この学生主事という役目は、「学生の思想や行動を監督して、戦時教育体制なるものの一翼を担うために設けられたもの」であったが、そういう「いやな役目を」を自らすすんで高島は引き受けた。それは、「自分の愛する学生と学園を守るため」には「予科を基盤にしてきているものが防衛しなければダメだという気持ちがあって」のことであり、あえて学生主事という「向こう側の体制に身をおくことによって」、「上からのいろいろな指令にたいして力の及ぶかぎり、自分の学園と学生を守っていこう」と考えたからであった。このような考えから、「熱心にその仕事ととり組もうと思った」のである。研究上においてもそうしたように、教育者としても時局に対して「消極的ながら抵抗しようとした」のである。

当時「熱心に任務の遂行に当たった」高島は、のちに「どうやら私も戦争協力者の一人であったことを否定するわけにはいかなかったようだ」と振り返っているが、その一方で「学生を守ろうという気持ちはいっぱい」で、「これだけは偽りがない」とも断言している。高島の熱心な姿勢と努力は予科生たちに非常によく伝わり、共感をもって迎えられていった（「学徒出陣の頃」『自ら墓標を建つ』所収、「私の経済学を語る」）。

一九四二（昭和一七）年四月一〇日付の〈一橋新聞〉本紙および四月二五日付の〈一橋新聞〉予科版には、四月四日に行われた高島の新学生主事就任の挨拶に関して次のように報じられている。
「高島教授は報国団結成第二年目となって愈々《いよいよ》本格的軌道に乗って来た。予科戦時体制の積極的文化建設に乗出すものとして予科生一般から非常な期待をかけられてゐるが、殊に去る四月四日挙行された報国団入団式並びに出発式の席上、高島新学生主事は予科生全体に対する就任の挨拶として新しき予科の方向とも言ふべきものを報国団組織の成立経過当時の説明と共に明かにし大いに注目を惹いた」（〈一橋新聞〉号外予科版）（ルビ筆者）

予科三年の韮澤忠雄（高島ゼミ、昭和二二年本科卒）が報国団の文化部幹事として「学問の自由を守る」と発言したのを受けて、高島は「いまいわれたように『学問の自由を守る』ということはこれからも大事な課題です」（韮澤忠雄『浅間のけむり』）と語りはじめた。そして、次のようにつづけた。

「学生主事となったが、私は飽く迄学究としてこの仕事をして行き度い。昨春結成された報国団組織に於て我々はこの新組織に如何にして誇りある伝統の精神を盛るかについて苦心したのである」（〈一橋新聞〉本紙）

また、予科版に掲載された新学生主事就任の挨拶要旨は次のように記されている。

「報国団と学園とは言はば表裏一体の関係を為すものであるがこの間に強いてニュアンスを取上げると上からの制度と下からの制度である。一橋会から報国団への移り行きは国内戦時体勢の強化に呼応して自治的デモクラティックな学園の組織を統一的な組織に変革したことであるのは明白であるが、一方にそれは戦時意識の確立とその正しき把握を意味している。制度は一旦出来ると上からの性質を持ち易いが、常に制度の母体となって活用するのは諸君自身であり、その活動を出来るだけ理想的に行ふため、我が学園では協議会を通じて総務部幹事に下意上達を行ふ制度があり、而かも之を完全になし得る誇がある。組織はその活用により新しい要素を含み得るのであるから、諸君はこの報国団組織の中で出来るだけ積極的にこれを運用することにより、伝統を活用する新しき生活を作り出さねばならぬ。本学予科の特殊性は経済商業法律を通じて真の国家及び社会認識をなすことにある。勿論予科が基礎的準備の時代である以上凡ゆる人間が社会を口にするのは危険であって文学其他も必要である。具体的社会認識を目標とすることにより真に指導的立場に立つことが出来る。故にわれわれは単に経済商業等の研究に止らず、之を通して真の国家認識を行ふことに依ってのみ大東亜戦争の最後の指導者と最後の戦士となることが出来る。われわれは常に暖かい情熱を以て国家に対すると共に之を基礎づける冷たい分析の頭脳を持たねばならぬことを銘記して報国団の中に於ける実証的活動を行って貰い度い」（〈一橋新聞〉号外予科版、昭和一七年四月二五日）。

このように高島は、「自治的デモクラティックな学園の組織を統一的な組織に変革」したとしても、新たな組織を活用し、協議会を通じた下意上達の制度を完全に行って「自治的デモクラティックな」運用を訴えたのである。二五日付の予科版のコラム「轟沈爆沈」には「報国団誕生してここに一年、伝統の再建に乗出す高島教授」と書いているが、これは高島の訴えを受け止めて、それにこたようという呼びかけであったと言える。

「予科報国団」となっても、その運営は実態としては「予科会」時代と変わりなく行われていた。つまり、自治は守られていたのである。その自治は一橋寮の警備についても同様で、警備隊組織を再編成して、寮生が寮と小平本館を防衛隊として一括して防衛することを任務としており、高島はその隊長でもあった。

戦時下に高島が考えたことは、「学生を守ろう」、「なんとかして自分の職場を守ろう」ということであった。予科教授として、高島に「ただ一つなしうることは、学生とともに未来に生きること」（「学徒出陣の頃」）なのであった。

▽配属将校と対峙

治安維持法のもと、軍人が中学校以上のすべての学校に配置されているという状況下での学生主事という立場にあって、「学生と学園を守る」に際してもっとも「困ったというか大事なこと」は、「配属将校との関係」であった。本間要一郎は学生主事当時の高島について、「学生主事としての高島先生」（『高島善哉著作集』第三巻月報）で次のように振り返っている。

「精神的にもかなりのストレスになったはずであるが、こういう緊張関係のなかに身をおくことがかえって先生にとって生活のハリにもなっていたのではないかと思わせるほど、当時の先生は溌剌としておられた」

さらに本間が伝えるところによると、「毎月（?）文部省で開かれた学生主事会議に出席する唯一の楽しみは、全国の各大学で発生したもろもろの学生運動についての報告がきけたことであった」と、戦後になって述懐していたという。

高島が学生主事を引き受ける前の一九三八（昭和一三）年のことであるが、水田洋は次に紹介するような光景が記憶に残っているとして、高島を追悼する文章のなかに記している。

「それは僕が予科の学生新聞の編集をしていたときのことですが、その関係の用事で、教官室から出てこられる先生を待っていると、先生のあとから配属将校の岩佐少佐が、指揮刀の音をたてながら出てきました。『高島さんあなたは』『いやそれは全くの誤解です』という緊迫した簡単なやりとりから、ぼくには事情がすぐわかりました。それは、配属将校が教授会に出席しようとしたのに対して、先生が、専任教官以外の出席は認められないと発言されたということです。先生は、教授会の規定通りのことをいわれ、岩佐少佐はそれを軍への抵抗とうけとったのでした」

その後水田は岩佐少佐から「学校教練規定第二條ニヨリ不合格と決定ス」という通知をもらったのであるが、「先生のおかげで無事に予科を修了」することができたのである。多くの学校では配属将校が教授会に出席し、軍事教練不合格者は進級できないようになっていたのである。

（水田洋『評論集　クリティカルに』）

配属将校には「狂信的な人」もいたので一番警戒を要したのであるが、高島は注意深く渾身の勇気をもって「力の及ぶかぎり」の抵抗をつづけることで大学を守ろうとしたのである。

▽一橋寮

予科の一橋寮は敷地内の北西隅の位置に一九三六（昭和一一）年に開寮し、「北寮」「中寮」「南寮」の二階建て三棟からなっていた。一年生は原則全寮制の大部屋主義を採用し、各部屋長の三年生の指導のもとに少数の二年生の入寮生を含めて、自由自治を原則として寮の運営が行われるという伝統を保持していた。

一九四二（昭和一七）年四月の入寮式当日、高島は寮生に向かって「戦時意識の確立とその正しき把握」ということを言い、「寮の組織や秩序」の意義についても触れた。それにつづけて〈一橋寮報〉（四月二五日付）に寄稿して入寮式当日の話を補足し、さらに寮生に望むところを次のように述べている。

「組織するものだけが本当に活きた生活共同体の主体となることができる。さうして寮の同人がそれぞれこのやうな主体的立場に立ったときに初めて、本当に強靭な寮の組織と生活が保証されるものと思ふ。そのためには組織を荷ふ人間と、組織そのものと、組織の置かれてゐる社会環境との研究がまづ必要である。だから我々はいはゆる錬成とか修練とかいふ『時代の標語』に、徒に囚はれたり盲目的に反発したりしてゐるのではいけない。我々の学問はこのやうな『言葉の支配』に打ち克つだけの力を与へてくれるべきだ。一つの生活共同体を救ひ、導き、活かすものは、やはり我々が学問をする方法態度そのものにほかならないと思ふ」

つまり、厳しい統制下においても主体的に伝統を守り抜くことを訴えたのである。この一橋寮の改革に関して、一九四三（昭和一八）年二月一〇日付の〈一橋新聞〉は大要次のように報じた。

昭和一六年以降「学園の新生面打開が問題になって以来」、寮改革は種々論議にもかかわらず着手されなかったが、昭和一八年一月中にようやく決定を見た。改正の核心は、過去数十年にわたって高校、大学予科を支配した「自由なる個性の陶冶拡充の伝統を一擲、生活及び学問共同体の具体化へ向って積極的に推進する」点にある。今、具体的な運営を待つばかりとなっているが、改革に着手する以前の一月一九日から二三日までの五日間、各高校の寮生活の実情を視察調査するため高島一橋寮寮監代理は、総務部幹事長、全寮委員長同副委員長を帯同し、静岡高校、八高、名古屋高商、三高、神戸商大予科を見学した。そして、帰京後、次のような高島の談話が掲載された。

「専門教育を通してひろく人格ならびに教養の陶冶をめざす本学予科の方向は、私はむしろ一歩先んじてゐるやうに思はれる。（中略）行くさきざき、教授、生徒が一緒に視察旅行を行ひ得る学校の師弟間の情誼にひどく感心され、かへって意外な感じがした位であったが、錬成主義の強調が師弟間の親しみを阻害するような傾向にあるとすれば大いに注意すべきではないかと考えた」

　学生に距離感をもっとも感じさせなかったのは高島の親友である太田可夫であったが、予科には板垣與一、江澤譲爾、大平善梧、高橋泰蔵ら三〇代の先輩教師が何人もいて、高島もその一人であった。戦時下にあってもこうした若い教師がいたことによって師弟間に親しみを共有することができたわけで、これは双方にとって幸せなことであった。また、一九四三（昭和一八）年四月四日に寮監と上級生が話し合った結果、新たな制度のもとに誕生した寮監の高島、白石、山田、亀井、工藤、府川、太田の七教授は、それぞれ一週間に一日、寮監室に寝泊まりして寮生の指導にあたることになった。これも、予科を守っていくためにとられた方策であった。

　この年あたりから、一橋寮ではときどき中庭で朝礼のような集会が開かれるようになった。その際、高島も話をしたようだが、そのときのことを本間はエッセーで次のように記している。

「こういう慣行はそれまでにはまったくなかったことだったから、おそらく文部省あたりから通達か指示のようなものがあったのであろう。むろん強制ではなかったから毎回出席したわけではない。しかし、ある晴れた日の朝の思いつめたような先生の『訓辞』は、国民服にゲートル着用というその出で立ちとともに鮮明に覚えている。『こんな朝礼みたいなことはつまらんと諸君は思うかもしれない。しかし、こういうことでわれわれが真面目にやっていることを世間に見せないと寮がつぶされるおそれがある。君らがいまそのなかで生きている自治や自由がなくなるかもしれない。それを守るためにはいろいろ知恵を働かさなければならない。国防服（カーキー色）の洋服を着たからといって心のなかまでカーキー色になるわけではない』と――こういう話であった。朝礼に集まるのもいわば対外的な配慮である。いまはじっと腰を落として将来に備えよというのである。これは当時すでに敗戦必至を見通していた当時の先生ご自身の心境であり信条であったのだと思う。『朝礼』は、先生の思想・信条を予科生に浸透させる格好の場だったのである。じっさい、高島先生の言動は当時の予科生の間で絶大な影響力を持っていた」（「学生主事としての高島先生」）

さらに本間は、印象に残った数多くの高島の言葉の一つを伝えている。何かの集会があったあとの夜、肩を並べて帰ったときにB29が空を飛んでいった。そのとき高島が、「君、あれがアメリカ魂だよ。普段君ら日本魂、日本は日本魂があるけど、アメリカは技術だけでね、魂がない、なんてこと言ってるけどそんなことはない」というようなことを話していたという。

▽予科勤労動員

一九四三（昭和一八）年になると勤労作業や修練といったものが多くなり、まともに授業を行える状況ではなくなった。これらの計画を立て、動員先と折衝をするということなども高島の仕事であった。

予科報国隊は、北海道某作業、市内某工場作業、山寮における健民修練、海洋訓練、学園農耕作業の五班に分かれて、夏季休業中に作業などの従事をすることになった。そして七月一八日、予科の校庭において予科長の堀潮と学生主事の高島が訓辞をして編成式を行った。

高島は、古瀬、福田の二教授とともに、飛行場建設のための勤労奉仕を行う北海道勤労報国隊を引率した。これに参加した予科生は八月三日に上野を出発し、慣れない環境のもたらす悪条件を克服して、厳格な生活規律のもとに過重な作業を行い、真っ黒に日焼けした顔で八月二七日に帰京したが、その間、高島らは文字通り予科生と寝食をともにした。しかも、これは他校に先だって行われたのであった。

また予科では、一九四四（昭和一九）年が明けてすぐの一月六日から、一か月間という長い勤労作業を静岡で行い、二月五日に帰京している。この勤労動員は、袋井付近に行ったグループと、浜名湖周辺のいくつかの農村を回るグループとに分かれていた。これらを視察して回った高島の談話録が「土と戦うの記」と題されて〈一橋新聞〉の二月二〇付に載っているが、それを読むと高島が、教育者として、学生主事として、何に心を砕いていたかを読みとることができる。

「企画上の注意事項は、今回は割合に旨く行った点だが、特に長期勤労においては学徒の知的欲求を如何に充すべきかといふ事で、之は理科系学校においては兎も角文科系学校においては作業と学問とに直接的な繋がりのない為に頗る注意すべき問題となる。併し、この解決は寧ろ学生自身の側に求められねばなるまい。即ち作業場における個々の現象を社会学的に或は経済学的に把握する等も一法で、例へば今度の場合で云へば静岡県下の農業事情を全国的見地から研究するなら、生きた材料を自己の学問の中に採入れることになり、之が結局学問と勤労作業との問題を解決することにならう。要するに過去の生活との一面的な比較に於いて勤労奉仕を負担と考える様な学生があるとすれば、戦時下の学徒として断じて許しがたいことで、戦時下の生活の中で如何に学問を生かしてゆくかが今後なほ一層の努力を要する課題である」

本間要一郎は、そのころの高島の苦労について次のように語っている。

「私たちの場合、予科で満足に勉強したのは一年くらいで、あとはほとんど勤労動員で、工場へ行ったり農村へ行ったりしてたわけですが、そのころ先生は学生主事でしたね。たとえば工場で勤労動員というとき、宿舎のなかで最大限勉強の時間が確保されるように先生が会社側と交渉して下さったとか、そんなことを覚えておりますが」（「私の経済学を語る」）

それにつづけて高島は、「会社の寮なんか、われわれが行ったところはみな理解のあるところだから、ちょっと頼めば、わかりましたとすぐやってくれました」と述べ、談話「土と戦うの記」でも「我々に対する農村側の協力も涙ぐましいものがあり麗しい光景が見られた」と付け加えている。また本間は、「たとえば日野重工に動員されたときには、宿舎における生活には会社側は一切口を出さないよう取り決めてくださるなど、その『親心』がありがたかった」と述懐している。

本間のエッセー「学生主事としての高島先生」には、勤労動員中の高島のエピソードを伝えているところがあるので紹介しよう。

「われわれの班は浜名湖周辺のいくつかの農村を渡り歩いて農地の乾田化や河川の流域変更等の作業に従事していた。たまたま都田《みやこだ》村というところで働いていたときに先生が視察にこられて、数日われわれと起居をともにされた。そしてそこでの作業を終えて、隣村の伊目《いめ》という集落に移動するときの『引き継ぎ式』で、村のおもだった人たちに先生が挨拶されたその中で、『住めば都というけれど、ここがミヤコになろうとはイメ（夢）にも思わなかった』といわれたものである。これを聞いた村の人たちはポカンとしていたし、学生のなかにもあっけにとられた顔が多かった。あとで先生に『さっきのシャレがわかったのかねエ』ときかれた」

さらに後年、本間が高島の視察時のことについて語ったところを記してみると次のようになる。

あのころは天気はよく、それほど寒くはなかったが風が強かった。休み時間に、大きな鉄釜でサツマイモを蒸し焼きにしたり、食べ放題のミカンを食べたりしてだべっている予科生のそばに高島先生はズーッと立って聞いていた。しかし、風が強いから鼻水を垂らしており、たいへん気の毒だった。また、僕らのグループはお寺の庫裏みたいな所に泊まっていたが、そこで僕は先生と碁を打った。先生の目はまだおぼろげながら見えていたが、最初に僕が何目か置いて途中までいったら、「これはもう、ちらちらしてだめだから」というんで打ち掛けとなった。それから、もんぺみたいなものを履いた地元の女子青年団の人がお汁粉みたいなのをサービスしてくれたのだが、高島先生の前にやって来たとき先生は、「わたしは目が悪いからあなたがどんな美人かよくわからないけれど、膝に手を触らせてもらえばすぐわかる」というような冗談を言っていた。

静岡県下での予科勤労作業から帰京後、まもなく東部第九二部隊が予科校舎を使用することとなり、二月二九日からは授業や事務といった予科のすべてが国立に移った。一橋寮も、三月三一日をもって国立の専門部のAホールに移転した。しかし、六月からは授業は行われなくなり勤労に動員されることとなった。この国立の一橋寮は一九四五（昭和二〇）年二月一〇日、多くの寮生が勤労作業に出ている間に焼失し、それに代わって国立駅の東南方の雑木林にバラック建ての一橋寮が建てられた。また、学生がいなくなっていた小平の一橋寮の建物は五月二五日夜、空襲により炎上した。

▽ 戦時下、眼と生活

このころになると高島の視力は、新聞の一番大きい活字だけが読める程度にまで落ちていた。講義は、一ページに大きな文字を二つか三つ書いたノートをチラッと見て、次のテーマを思い出して先に進めていったようだと言われている。もちろん、板書も大きな字で行っていたという。

一九二九（昭和四）年の発作から徐々に衰えていった高島の視力は、一九四一（昭和一六）年の処女作『経済社会学の根本問題』の出版直後からは急速に衰えだした。そして、八年後の一九四九年には、予科三年のクラス雑誌に寄稿したエッセーに「失明数歩前」という題をつけるまでになっていた。

　一九五三（昭和二八）年に書いたエッセー「眼と私」のなかでは、戦時中の自らの眼と生活について次のように述懐している。

「視界が大分暗くなって、映画なども一番前の席でやっと見られるくらいであった。……最後に決定的だったのは、やはり戦争とそれに続くインフレである。これは私のような体質的な病人にとっては、致命的なものであったと言ってよい。勤労と栄養失調が体力を消耗させたばかりでなく、日本の科学には十年以上の大穴があいた。パスもマイシンもペニシリンもやっと戦争がすんで私たち日本人のものとなったのである。……方々の権威に診てもらったが、どこを訪ねても無駄であった。……病人であろうとなかろうと、戦争が私たちに残したいたでは恐しく大きなものであった。……私もまた自分と家族を守るために戦わなければならなかった。職場を守るためには戦わなければならなかった。子供や荷物の疎開のために東奔西走した。切符を手に入れるために、午後の五時から翌朝の八時まで、空襲下を八重洲口に並んだこともあった。夫婦で荒地を耕しておさつを作ったが、取入れ前に誰かに先取りされてしまったことも今は昔話である」

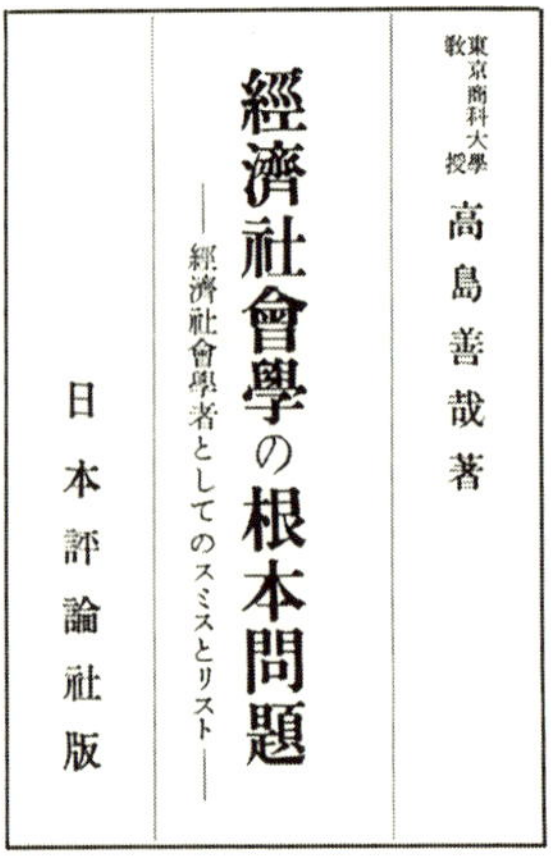
東京商科大學教授　高島善哉著
經濟社會學の根本問題
——經濟社會學者としてのスミスとリスト——
日本評論社版

『経済社会学の根本問題』

▽学徒出陣

一九四三（昭和一八）年九月二三日、政府は理工系を除いて学生の徴兵猶予の停止を決定し、満二〇歳になれば徴兵検査を受けて軍隊に入らなければならなくなった。学業半ばで徴兵となる出陣学徒は、一〇月二一日、明治神宮の外苑競技場で行われる出陣学徒壮行大会に集合しなければならなかった。

〈一橋新聞〉の予科版は、一一月一〇日付で出陣学徒の「壮行特輯号」を編んだ。それに高島は「社会学徒の自覚をもって戦い抜け」の一文を寄稿し、その後半に次のように書いている。

「現代の社会学は完結ではなく形成を求めている。諸君の出陣は、とりわけ社会学徒の出陣である。いかに烈しい乱闘の中においても明日への期待なくして、明日への確信なくして、いかにして安心立命することができるであろうか。戦争の将来を触知している者は、戦争の現在を把握する者は、必ずすでに戦争の過去来歴を認識している者でなければならない。

だから社会学徒の出陣は、社会からの逃避や遁走であるのではなく、反対に社会それ自体への自己内還帰であるのでなければならない。戦争を単に戦争としてではなく、人間社会の自己内還帰のプロセスとして把握することができる者だけが、真の戦士たるに値いする者だ。職業的な戦士、技術的な戦士、或いはまた、発作的な戦士、盲目的な戦士は諸君には相応はしからざるものである。あくまで社会学徒たるの自覚をもって大事に臨め。これが私の諸君に熱望する主たる眼目である。

戦争は単なる死ではない。戦いに征く者は何よりもまず現実を、自己の周囲を、直視しなければならぬ。私はこの際諸君に向ってあらゆる形態の敗北主義を警告する。最後の瞬間まで諸君は社会を学び研めよ。そして戦いに勝ち帰れ。そのとき諸君は初めて真の闘士となることができるのである」

高島はあくまで戦争をプロセスとして捉え、戦後にこそ真の闘士としての仕事があることを訴えたのである。そして高島は、出陣学徒には

明治神宮外苑競技場跡。今は軟式野球場（2009年８月筆者撮影）

繰り返し次のように言って励ましの言葉としていた。

「諸君は大東亜戦争のかけがえのない最後の戦士である。もちろん卑怯未練のふるまいは困るが、必ず生きて帰ってきてほしい。諸君のほんとうの仕事は戦後にあるのだからだ」

一九四三（昭和一八）年の秋一〇月一三日、入隊することになった多くの予科の上級生のために、予科生は「壮行会」と称して多摩御陵方面に巻脚絆をつけて行軍を行った。松と櫟に囲まれたホッケーグラウンドで行われた閉会式のときに話した高島の挨拶の一節を、菊地原文市は鮮明に覚えているという。

「君たちは社会学徒だ。戦争に行って死んではならない。元気で帰ってこい。君たちは、社会学徒としてなすべきことがあるのだ。このことを忘れぬように」

予科が半年繰り上げ卒業ということになって一九四二年九月に卒業して一〇月に本科に進んだ韮澤忠雄は、一九四三年一二月一日の入隊の日を前にして高島に挨拶に行った。予科報国団の幹事をしていた韮澤は、学生主事の高島が「学生の意見によく耳を傾けて、ナゾをかけるようないい方もまじえて適切なアドバイスをしてくれる」ので訪問することが多かったという。その当時のことを、韮澤は『浅間のけむり』のなかで次のように語っている。

昭和十八年十一月十日　一橋新聞　（一）

一橋新聞

豫科版　號外

征く同人の武運長久を祈る

出陣學徒に寄す

堀　潮

勇躍進軍せよ

古瀬良則

一橋健兒の門出を送る

牧　一

社會學徒の自覺をもつて戰ひ拔け

高島善哉

編輯後記

〈一橋新聞〉予科版「壮行特輯号」（1943［昭和18］年11月10日付）

「いよいよ軍隊に入隊する日が迫ってきたとき、予科時代にお世話になった高島善哉先生のお宅へあいさつにいった。すると先生は『卑怯、未練なことをしろというのじゃないが、生きて帰ってくれ』といったので、おどろいた。出陣学徒の壮行会（一九四三年一〇月二一日、雨の神宮外苑）でも出陣学徒代表が『生等もとより生還を期さず』と答辞をのべたように、兵隊にいくからには生きて帰らない覚悟でいくというのが当時の常識になっていたので、その常識と正反対の、『生きて帰ってくれ』という高島先生の言葉は奇異にきこえたからである」

あのころ「生きて帰れ」などと言う人はいなかったし、そんな言葉を聞いたこともなかったので吃驚仰天したのである。

翌一九四四（昭和一九）年秋、予科勤労動員により日野重工で働いていた青木専一（一九四四年予科卒）は、一〇月に入隊と決まった夜に高島の部屋を訪ねて挨拶をしたときのことを次のように伝えている。

「先生は（小）生の手をしっかり握りしめて、『死んでは駄目だ。戦後復興に備えて必ず帰って来なさい』と励まされた。私は、その足で海軍に入隊しました」

また茂木健二は、昭和一九年度の国立一橋寮全寮生大会記念文集である『一橋寮の思い出』に、同年一二月の「入隊に出発する日」のことを書いている。

「横浜の私の家に高島先生が見送りに来てくれた。片平が日の丸の旗にどうしてもおまえがまず書け、という。渋っていたら、彼は一気呵成に書いた。『何が何でも断固生きて帰ろう。お前が死んだら俺がやる。俺が死んだらお前がやれ。共に生きたら、又共に戦おう。』私も答える。『ありとあらゆる力と方途を使って必ず生還し、共に新社会建設の核たらん。』しばらくして高島先生が、筆と墨を持ってこい、という。さらに先生は尺八を、とおっしゃる。目も不自由な先生は、私の書いた文字の横に尺八を置かせ、それに沿って書いた。『――これぞ悠久の大義――』」


後年高島は、「学生のさし出した国旗には、尽忠報国とか一死報国とか、そういった文字がいっぱいであったが、私はそれに似た言葉を一度も書かなかったことをいまはせめてものなぐさめとしている」（「学徒出陣の頃」）と述懐している。

「生きて帰れ」というのが、予科学生主事である高島善哉が出征する予科生に贈ったただ一つの言葉であった。本間によれば、こうした「励ましの言葉を先生がいわれても、外部にもれて問題になるなどということは一つもなかった」（「私の経済学を語る」のなかでの本間の述懐）と言う。そう、高島の気持ちは通じていたのである。

高島から「生きて帰れ」の言葉を贈られた学生のなかには、再び大学に帰ることのできなかった者も少なくない。その一人に板尾興市がいる。板尾は一九四三（昭和一八）年一〇月に予科から本科に進学し、同年一二月に横須賀海兵団に入団し、一九四五（昭和二〇）年二月一八日に本州東方海上で戦死した。一九四二（昭和一七）年に入学入寮した川勝堅二（高島ゼミ、一九四七年本科卒）は、一橋寮の生活と板尾を追想して「学問への情熱」というエッセーを一九八二（昭和五七）年に書いている。

……上級生である部屋長の下で下級生の〝子〟が指導を受けるわけで、部屋長の性格が部屋の雰囲気をつくり出していた。

私が入った中寮八室の部屋長は、板尾興市氏で、寮でも指折りの秀才であり、性格は実に淡泊な陽性の人であった。部屋の子は広瀬勇君（安眠工業顧問）、松岡忠治君（韓国全州北大学教授）と私で、手取り足取りの指導を受けた。まず読書会で漱石の『こころ』を採り上げての議論が始まりで、次第に歴史、哲学へと範囲が広がって行った。

夜寝る前に、ドイツ語の暗誦が始まる。ニーチェの『ツアラツウストラ斯く語りき』がテキストである。一節ずつ、板尾さんが暗誦する。部屋の子がそれを繰り返す。毎夜、ほぼ一ページずつ進んでいった。今でもはじめの方は、暗誦することが出来る。部屋長は、黙々とサブノートを作りながら読書をしていた。その学問への姿勢は、私どもにある厳しいものを感じさせた。無言で学問することの尊さを示してくれていたことを肌で感じた。

　戦争が厳しくなったころ、学生大会の壇上で、部屋長は「この必然の中で、我々はいかんとも為し難い。後輩よ、後を頼む」と涙にむせび、我々一同粛然となった。戦争が終わって、板尾さんの西太平洋上での戦死が伝えられた。

　吉田満氏の『戦中の青年たちは、何を読んだか』の中に板尾さんの父君への手紙が載せられている。引用させて頂く。「それにしても、あまりにも短い月日しか残されていないので、何ら今までの学問への努力をまとめた形で残すこともできそうもなく、読みさした本にしおりをはさんで出かけねばなりません。ふたたび、帰って書物の前に坐るのは、いつの日のことか考えますと、まことに寂しいしだいです。」

　学問への情熱がこのように強く、大きな人を失ったと言う痛惜の念が強い。

（〈日本経済新聞〉昭和五七年二月二六日付「交遊抄」欄掲載。なお、川勝が引用した板尾の父宛の手紙は『きけわだつみのこえ』にも収録されている。）


　本科高島ゼミナールの戦死者は、土橋賢三（昭和一七年本科卒）、疋田博次（昭和一七年本科卒）、益田善助（昭和一七年本科卒）、それと板尾の四名であった。高島は悲嘆に暮れた。疋田も板尾も、学問を受け継いでくれる若者と思っていたのである。

第7章

ファシズムへの抵抗と批判の灯火を守り抜く

▽終戦を迎えて

東京商科大学予科の向かい側にあった陸軍経理学校に助教として残っていた韮澤は、一九四五年八月一一日に外出して高島宅を訪ねた。そのときの高島の対応を韮澤は次のように書き遺している。

「先生は『よくきてくれた』とよろこんで応接間に通してくれたあと、さりげなく『いよいよ戦争が終わりらしいね』といわれた。淡々とした口調だったが、『やっぱり負けたのだな』と、そのことの重大性はすぐピンときた」

八月一四日、高島は「その筋から、明日の正午天皇自身による重大放送があることを知らされた」。「いよいよ来るべきものがきたのだ」と直感した高島は、学徒動員のために「ひとにぎりの塊りにまでちぢんでしまった」勤労学生報国隊を前に語りかけた。

それから一九年後、高島は「もっとも思い出の深い訓辞をすることができた」と、「学徒出陣の頃」というエッセーのなかにその一節を想起して記している。

「今日明日というごく短時間の将来に、私たちは日本の運命を決するきわめて重大なできごとに遭遇するかもしれない。しかし諸君は度を失ってはいけない。社会科学の学徒として諸君はそれをいかに受けとめるかということがわかっているはずだ。私たちの学問がその力を試される日が来たのである」

そして、つづけて次のように述懐している。

「その翌日から報国隊はもはや報国隊ではなくなった。けれども学園はもはやもとの学園ではなかった。校門には東京産業大学という看板がかけられており、校舎や講堂は、兵士や工員たちの置きみやげで荒れに荒れていた。何よりも悲しかったことは、数多くの出陣学徒が永久に帰らぬ戦士となったことである。これらの人たちはみな私の小さな励ましに一縷の望みを抱いて静かに去っていったのである。機会があったらこれらの出陣学徒について私は書いてみたい。だがその前に私自身は学生主事をやめてからいったい何をしたのか。その前も後も相変わらずの抵抗を続けてきたにすぎないのではなかったか。私のいわゆる生産力の理論はどうなったのか。出陣学徒のことを思い出すにつけて、いつも自責の念にかられてならない」

戦時中、商科大学という校名が軍の指弾を受けたことによって、一九四四年一〇月から改名させられていたのである。

国立のキャンパスにある佐野書院の敷地内には「戦没学友の碑」がある。この碑の除幕式は二〇〇〇（平成一二）年四月に行われたのだが、永久に帰ることのできなかった出陣学徒の名がこの碑に刻まれている。

昭和前期の、日に日に強まっていったファシズムの嵐なかにあって、高島善哉は時局とそれに迎合する諸理論への抵抗と批判の灯火を守り抜いた研究者、教育者の一人でありつづけたのである。しかしそれには、強烈な真理への愛と熱烈な学生への愛と揺るぎないヒューマニズムと強靱な精神力とが高島を貫いていたとはいえ、水際まで迫りきた危険への細心の配慮を伴った厳しい挑戦が、倦むことなく絶えずつづけられていたことを想起しないわけにはいかない。

佐野書院内の「戦没学友の碑」（2009年９月筆者撮影）

▽「眼と手」を借りて

終戦を迎えた当時を高島は、三六年後に振り返っている。

「価値観がまるで変わってしまって、困ったということをおっしゃる人もおりますけれども、わたくしは全然そういうことがございませんでした。いよいよわれわれの時代がきたんだ、これから本当にわれわれの今まで勉強したものが役に立つ時代がきたんだ、という確信に燃えておりました」（「喜寿の顔と心」『自ら墓標を建つ』所収）

終戦の年、高島は四一歳になった。もっとも盛んに研究活動が展開され、深められる年代に入ったわけである。しかしながら高島は、戦争を経て戦後へと活字を認識することができなくなるという、研究者にとってはきわめて厳しい肉体的な制約下に置かれていた。高島自身、一九七六年に放送されたＮＨＫのラジオ番組『人生読本』のなかで次のように語っている。

「戦争は済んだ、自由な世の中になった。さてこれから大いに張り切ろう、伸びようとする壮年であるわたくしにとって、これは何といっても致命的な打撃であった」（「第二の人生」『自ら墓標を建つ』所収）

つまり、独力で研究をつづけることが不可能となっていたのである。一九五三年のエッセー「眼と私」には次のような記述が見られる。

「友人やアルバイト学生に本を読んでもらうのが日課となった。ただ原稿だけはどうにか手さぐりで書き続けてきたが、それも年と共に乱れて、私の親しい人たちを心配させるようになった」

一九五二年から一九五三年になると書くことも不可能となり、口述をして人の手を借りなければならなくなっていった。同じエッセーで、すべてが「人の手」であるために「非常な努力がいる」ことを表白している。

「何よりも資料が不足する。資料はあってもそれを自由に使うことができない。書物の引用をするにも並大ていのことではない。まず最初に誰かに書物を読んでもらい、これと思うところに傍線を引いておく。いよいよ原稿を書く段になると、傍線の箇所をいろいろさぐり当てた上でそれを引き写す。原稿を書くと言っても、すべてが口述であり、人の手である。もどかしさと腹立たしさを克服するには非常な努力がいる。その上で自分の思想を途切れさせないためには、原稿を書くことそれ自身が一つの共同作業となるのである」

高島の「手」となって、「共同作業」の相手となったのは妻みさををおいてはいない。一九六八年のエッセー「本と私」（『人間・風土と社会科学』所収）のなかで、「読んでもらうことは人に頼めますが、書く場合はそうはゆかない。これは家内でないとダメです」と吐露しているし、一九八〇年のインタビュー「私の経済学を語る」では、「プライベートなことだけれども、女房にもずいぶん苦労させせましたよ」と振り返っている。そして、「いつも生で書いて、書いたままで原稿はほとんど直しません」とも述べている。

　高島は、発表した論文や著書、講演などのタイトルと年月日などを七〇ミリ×一二二ミリサイズのカード四九〇枚にほとんど記録していたが、自筆のものは一九五五年が最後である。それ以降のカードは、主に妻の手によって、またはアルバイトの手によって筆記されたものである。「第三の人生」と題して話した『人生読本』のなかでも、「原稿

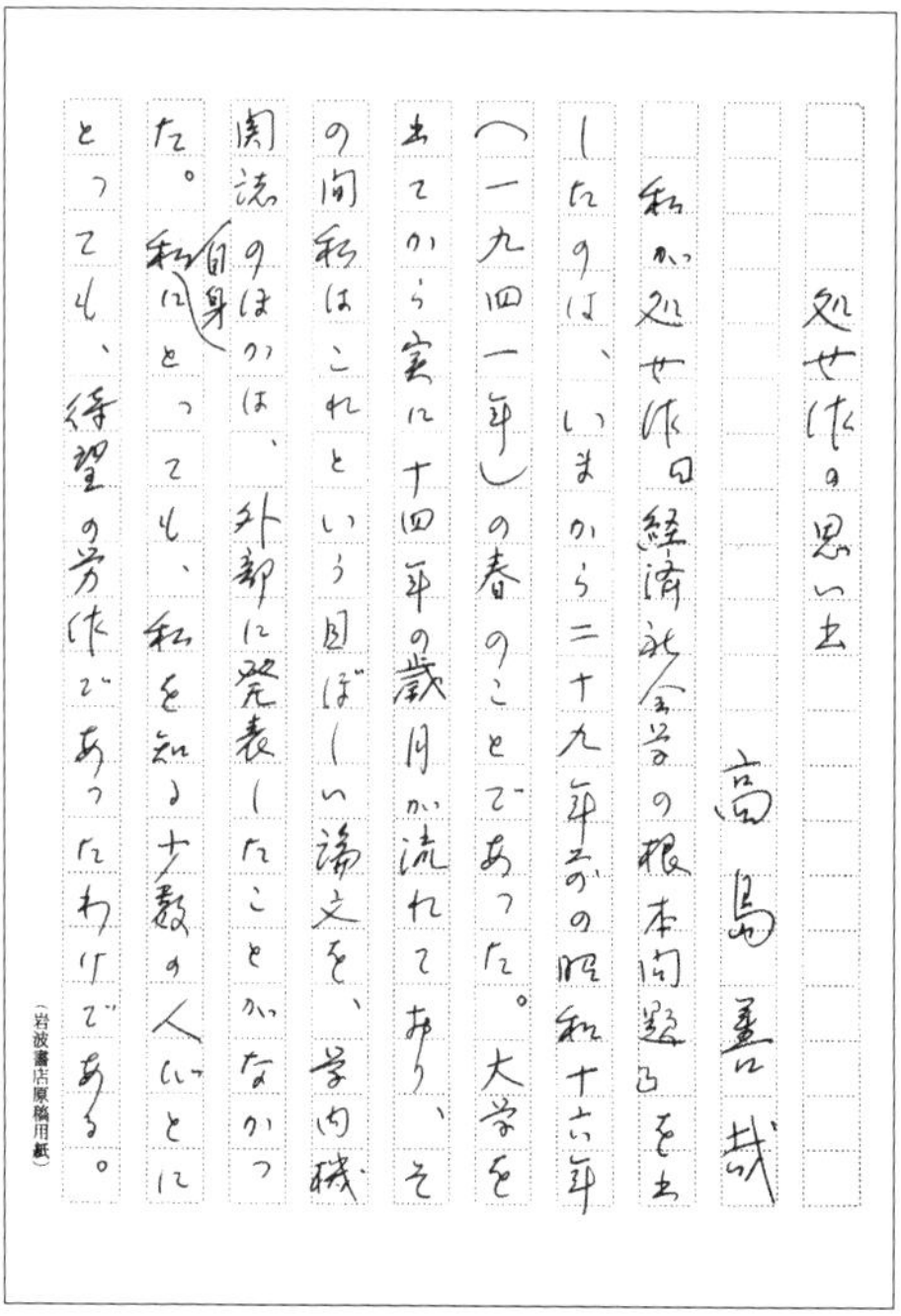
処女作の思い出
高島善哉
私が処女作の経済社会学の根本問題を出したのは、いまから二十九年まえの昭和十六年（一九四一年）の春のことであった。大学を出てから実に十四年の歳月が流れており、その間私はこれという目ぼしい論文を、学内機関誌のほかには、外部に発表したことがなかった。私自身にとっても、私を知る少数の人にとっても、待望の労作であったわけである。
（岩波書店原稿用紙）

妻みさをの筆文原稿

を書くにいたしましてもやはり他人ではうまくいかない」と、次のように妻みさをへの感謝を語った。
「絶えずわたくしの傍らにいて、この半ば失明者を助けてくれた。不平もいわず、また愚痴もこぼさずに、わたくしのいう通りに、さあこれから本を読むんだといえば、本を読んでくれるし、これから原稿を書くんだといえば、すぐに原稿用紙を持って来てわたくしの前に座ってくれるということです。こういう妻を持ったということは大変な、わたくしの恵まれた過去ではなかったかと思うのでございます」

「人の手」に頼らざるを得なくなってからの高島は、それ以後ずっと原稿を執筆するときは、レコーダーなどというものは一切使わず、縦書きの二〇〇字詰の原稿用紙に向かっている筆記者を前に口述で行った。新たな部分を書きはじめるときにはまず前回執筆した部分を筆記者に読んでもらい、つづけて当日の部分を口述筆記するというスタイルであった。前回書いた原稿を全面的に書

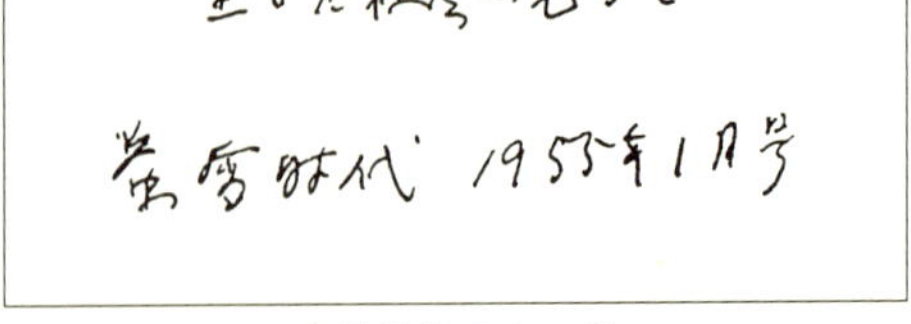

自筆最後のカード

き改めるということはほとんどなく、部分的に修正することもそれほど多くはなかった。書きはじめて途中で「そのあと、ちょっと……」と数分間黙って目をつぶり、顔をやや上向き加減にしつつ文章を想い起こすということが稀にあったが、口述はほとんど流れるように進められ、ときには筆記者がついていくのがたいへんなこともあった。一人でいるときに、頭のなかで原稿が書き込めるようになっていたのである。

▽研究会で勉強

戦後まもない一九四八年から、山田秀雄、水田洋、長洲一二をはじめとする高島ゼミナール出身の研究者を中心に、「日曜会」と称して（あるいは「背広ゼミ」とも呼んだかもしれないが）月一回ほど高島の自宅で研究会を開くようになった。通常のメンバーのほかにも、杉本栄一や『価値論と史的唯物論』などの著書がある慶応義塾大学の遊部久蔵などが参加したこともあったようだ。

その後、一橋大学を退職（一九六六年）してからは前記の研究会を引き継ぐような形で、一橋の大学院生と若手ＯＢが中心となって月一回の月例研究会を高島宅でもつようになった。この会は春季、夏季の休みを除いて月末の日曜日に開かれることが多かったので、高島自身はこちらも「日曜会」と呼んでいた。のちには出席者が順次若手の研究者へと交代していったが、一九七三年以降は山中隆次がコーディネーター役となって一九八九年までつづけられた。

　このほかにも、定期的な研究会はいくつか開かれた。一九五四年から四年間ほどは、やはり毎月一回自宅で、長田五郎、高野利治、古賀英三郎、山中隆次、宮鍋幟、佐藤毅と「社会学小研究会」をもっている。また、一九六三年からは、東京文理科大学、東京教育大学哲学科出身の若手研究者とも自宅で研究会を開くようになり、この会の開催日も八月を除く月の第三日曜日とされたことから「もう一つの日曜会」と呼ばれ、これも一九八九年までつづけられた。

戦後まもない「高島ゼミ OB・学生集合写真」（写真提供：本間要一郎）

こうした研究会でテキストが使用されるときは必ず、高島は和書も洋書もあらかじめそれを読んでもらってから会に備えていた。このような準備をしたうえで会にのぞむというやり方はずっと変わることがなかった。このような事前準備はゼミナール指導においても同様であったし、実際の講義の前には、見ながら行うことができないために、展開にそって項目やポイントをノートに口述筆記して備えていた。

一九七三年の秋からは、山中隆次、古賀英三郎、上野格、林武、清水嘉治が発起人となって、研究者やジャーナリスト、そして実業人ら約七〇名が幅広く参加する研究会ももった。高島はこの会を「時代の風を切る」という意味の「風切会《ふうせつかい》」と命名したが、山中によると、「風説の会」かという野次も聞こえてきたという。また、野坂参三の自伝『風雪のあゆみ』をもじったのではないかとも言われたらしい。この会は年に三、四回開かれ、不定期であったが一九七六年までの間に九回の研究会を重ねている。

こうした研究会は参加者にとっては非常に勉強になったわけであるが、高島自身は、「それは自分のためでもあったわけです。書物でなくて、そういうところで若い人の口を通じて勉強するということはずっと一貫しておりましたね」と語っている（「私の経済学を語る」）。想像するに、これらの研究会は高島が研究をつづけるうえにおいてたいへん重要で、不可欠のものであったと言ってよいであろう。

妻みさをとともに、「もう一つわたくしの失明にとって救いとなってくれるのは、何といいましても若い学生諸君」であったとして、そのことを「第三の人生」のなかで感謝を込めて語っている。

「幸いに私は優秀な多くの青年学徒に恵まれまして、いつもわたくしの家に出入りし、研究室はもちろんのこと、絶えずいっしょに本を読み現在に至るまでこの研究会は人を変え、形を変えて続いておるのでありまして、日曜日などは朝の一〇時から二時間、三時間と研究会を今でも開いております。その間に食事をはさんで、またいろいろな団欒をするということ、本当に有難く恵まれた失明生活ではなかったかと思うのでございます」

さらに、研究会に参加した青年学徒への「感謝を込めた一句」として次の句を披露している。

老いの手に　競う若葉の　いのちかな

研究会のあとの団欒では、高島は座談の名手であった。駄洒落も含めてジョークを好んで連発し、周囲を爆笑の渦（？）に巻き込んでいた。長女の敦子によれば、父は二言目には掛詞を使った冗談を言い、それがあまりにもひんぱんなので子どもたちは「またか」というような顔をして真面目に笑わなかったが、「母だけはいつも心から可笑しそうに笑っていた」と言う。また、次男の竜哉によれば、「家族全員がそういう駄洒落の被害者であった」と言っている。

あるとき教授会で、高島は「このたび○○君がワンブリッジ大学からケンブリッジ大学に留学することになった」という報告をしたらしいが、さすがにこれは顰蹙《ひんしゅく》をかったらしい。またあるときは、講義の冒頭に「ここに来る途中、ロウカで転びそうになった。ロウカ現象でしょうかね」と言ったようだし、筆者が恵比寿駅近くのサッポロビール工場跡地が再開発となって大きな建物が建ったと話したところ、「ビール会社がビル会社になったか」と言って私を唖然とさせたが、同時に『笑点』に出演できる！　とも思った。

▽活発な啓蒙活動と「不本意な時代」

一九四六（昭和二一）年、〈経済評論〉（日本評論社）に論文「価値論の復位」を発表した。「原点に帰って」「スミスからマルクスをみる」ことの必要性を説いたこの論文は、大きな反響を呼んだ。一九四七（昭和二二）年には処女作の第二部を再録して「序論」と二つの章を付加した『アダム・スミスの市民社会体系』を刊行し、市民社会を生産諸力の体系としてとらえる視点を打ちだしていった。また、主体性論、ヒューマニズム論も深めていき、社会科学とヒューマニズムの結び付きを強調していったこともよく知られるところである。

この時期、研究と同時に啓蒙活動も盛んに繰り広げた。どうやら、日本に市民社会をつくりださなければ再び戦前のような状態に逆戻りしてしまうという思いからであったようだ。ジャーナリズムに次々と論説を発表し、数多くの講演をつづけていった。戦後の五年間にかぎってみても、四〇本以上の啓蒙的な論説を執筆し、三〇回を超える講演活動を展開している。

このような問題意識のもとに刊行されたのが『社会科学と人間革命』(一九四八年)と『新しい愛国心』(一九五〇年)であった。

そして、一九五〇年には、一九四七年から高島の指導のもとに山田秀雄を中心に取り組んでいた『社会科学年表』の編纂に対して、日本学術会議の協力によって設定された「毎日学術奨励金」二〇万円が贈られた。この編纂は同文舘の服部幾三郎社長の企画で高島に依頼され、初めは大学の参考書程度のものが考えられていたのであるが、近代社会科学の成立と発展をもっと総合的にかつもっと本格的に世界史的な規模においてつくろうと、自然発生的に野心的な企画に移行していったものだという。

賞の贈呈式は一一月二五日に行われたわけだが、高島は欠席している。その日はちょうど、岐阜公会堂で高島の講演「社会科学者の見た今の日本」が組まれていたからであるが、ひょっとすると、そういうところに出席することに大学教授として何かためらいのようなものがあったのではないかとも言われている。

この編集作業は、効率を上げるために池袋の「八峰館」という旅館で合宿をして、長期にわたって行われた。この仕事に携わったのは、監修者である高島、編集の最高責任者の山田秀雄のほかすべてが高島ゼミナールの門下生であった。編集委員は水田洋、鈴木秀勇、長洲一二、平田清明、有馬文雄、高野利治、古賀英三郎の七名で、資料委員は細谷新治、阿曾福圓の二名、編集協力者は本間要一郎、吉田静一、山中隆次、宮鍋幟、宮下裕の五名であった。

この『社会科学年表』は、一四〇一年から一七五〇年までの第一巻のみが一九五六年に刊行されている。出版社の事情で第一巻のみで終わってしまったが、上原専禄が「戦後日本の奇蹟」と評価したのをはじめ、アメリカ人を含む多くの学者から高い評価を得たのであった。

「私の経済学を語る」のなかで高島は、自らの研究成果を以下の三期に分けている。

第一期――『経済社会学の根本問題』を刊行するまで。

第二期――終戦後から一橋大学を辞めるまで。

第三期――関東学院に行ってからの業績。

そのうえで、『社会科学年表』の刊行にあたる第二期を次のように振り返っている。

「非常にモタモタしておった。これという前進があまりなかったように思う。いろいろ書きなぐりましたが、このことで実は大塚金之助先生から『君は本を書き過ぎる』と叱られた。その通りなんです。というのはジャーナリズムにそうとう追い回されて、当時まだタレントが比較的少ない時代でしたから、僕らのような人間がお役に立ったんでしょう。それで次から次へと追い回されて未熟なものを出していったという感じがする。だからまとまったものはありません」

さらにつづけて、次のようにも言っている。

「もう一つは弁解がましくなるけれども、昭和二七〜二八年ごろから次第に視力が衰えていって、精神状態がナーバスになってきて、イライラしてきた。同時に学内でも行政事務を担当させられて、体力的にも消耗した。いろんな内的、外的事情があって、純粋に一本にすうっと自分の問題を追求できなかった。本当は『価値論の復位』とか『生産力の構造』とか『生産力と価値』『生産力と技術』など、そのような問題をさらに追求したかった。不本意な時代だったと思います」

このように、高島自身はこの「第二期」を「不本意な時代」と言っているが、この時代こそは見逃すことのできない収穫をもたらした時代でもあることはのちに見る通りである。

▽予科廃止と社会学部の立ち上げ

当時まだ「東京産業大学」と改名されたままであったが、一九四六年（昭和二一）に高島はその予科長となった。元の「東京商科大学」の名称に戻ったのは一九四七年三月二四日である。しかし、国立学校設置法の改正によって予科は、一九五〇年三月末日をもって廃止されることになった。三月二八日に「予科修了式」を行い、予科長として『一九四九年度豫科修了生徒名簿』に「最後の豫科生に贈る」を寄稿し、予科生と東京商大予科の最後を見送った。

こうして東京商科大学予科は一九二〇年に生まれてからわずか三〇年でその幕を閉じたのであるが、高島の青壮年時代はまさに予科とともにあったと言える。一七歳になる年の春に予科へ入学して以来、予科に学び、予科講師、予科教授として予科生とともに暮らした高島は四六歳になろうとしていた。

このころ高島は、新制一橋大学の体制確立と新しい社会学部の立ち上げのために、上原専禄（一九四六年八月二六日から四九年一月一九日まで学長、五一年四月から五三年三月まで社会学部長）らとともに尽力した時期である。会議は連日夜ふけまでつづいたが、改革の機運に満ちていたこともあり、「長い間求めていた社会科学の総合大学の夢がいよいよ実現するであろう日の近いことを感じた」高島たちはほとんど疲れを覚えなかったという（「小平に遺しおくこと」『人間・風土と社会科学』所収）。

しかし、新しい学部の内容をどのようにするかということについてはなかなかまとまらなかった。商学部、経済学部、法学部にはそれぞれ学内の専門の研究者を吸収することはできるが、予科と専門部の先生たちを集めてつじつまを合わせたように見える社会学部を対外的に分かる独自の学部とするかについてはかなりの苦労があったという。文部省や外部の人にも理解してもらえるような努力を重ね、一九五一年に日本で初めての社会学部が生まれたのであるが、その内容をどうするかはそのあともずっと懸案事項となっていた。

一九四九年から二年にわたって法学社会学部

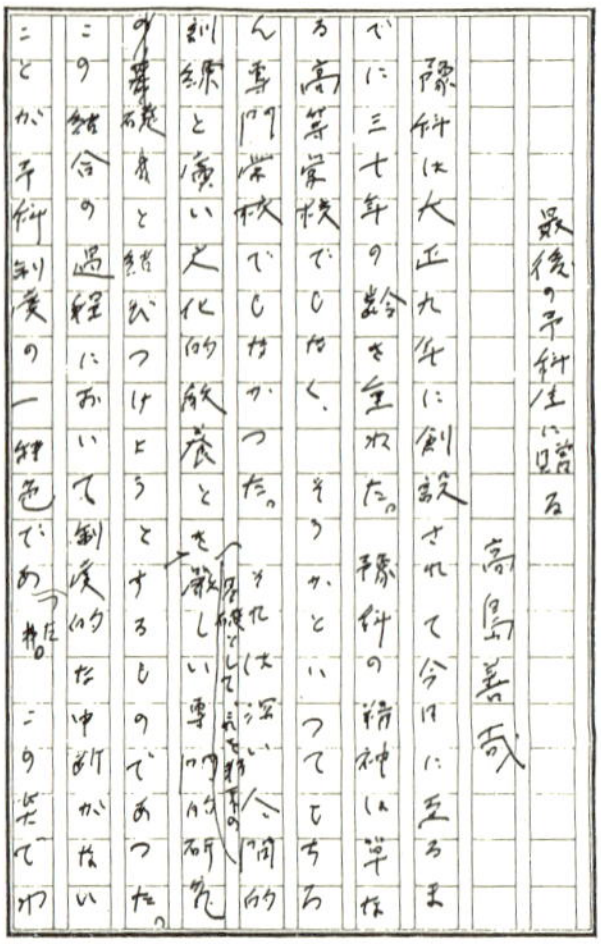

最後の予科生に贈る

高島善哉

予科は大正九年に創設されて今日に至るまでに三十年の齢を重ねた。予科の精神は単なる高等学校でもなく、そうかといってもちろん専門学校でもなかった。それは深い学問的訓練と廣い文化的教養とを厳しい専門的研究の基礎と結びつけようとするものであった。この結合の過程において創設的な中断がないことが予科創設の一特色であった。この点で

「最後の豫科生に贈る」の原稿

1950年、自宅の庭で（写真提供：高島敦子）

社会学科長を務めていた高島だが、初めの一年間は旧制予科長を兼任していたし、さらに一九五〇年からの二年間と一九五七年からの八年間は一橋大学評議員を務め、一九五八年からの四年間は社会学部長を務めるというように学内で行政事務も担当していた。

▽ 留学断念と『社会科学入門』（一九五四年）

高島の外国留学は戦前に決まっていたのだが、日本全体が「暗い谷間」に急速に落ち込んでいき、国際情勢も逼迫したために中止となっていた。戦前の留学は一九三五（昭和一〇）年に出発した山田雄三が最後で、高島は外国へ行くべくして行けなかったのであった。それが理由だろう、戦後は真っ先に留学することになった。そのころ、眼の状態が思わしくないので躊躇していたがみんなにすすめられて決心したという。一九五二（昭和二七）年二月末にほぼ決定し、すべての書類も揃えられた。言うまでもなく、このころはまだ外国へ行く人が非常に少ない時代であったが、約一年間のイギリス留学を主としてフランス、ドイツ、スイス、イタリアの各国を回るという旅程が三月八日に承認された。七月には四八歳を迎える年の春のことであった。

高島の卒業同期で構成されている「昭和二年会」は、その年の四月の例会を一二日（土）正午から京橋第一相互ビルの「竹葉」で開いたが、高島が「剣橋《ケンブリッジ》大学東洋語学科へ一ヶ年間の予定で留学と決まったので四月例会は同君の歓送会と決った」（ルビ筆者）として、〈如水会々報〉の四・五月号（第二六六号）に次のような「昭和二年会便り」を寄せている。

「四月三十日夜十一時羽田空港から高島教授がB・O・A・Cでロンドンへ発つ。（中略）奥さんや今年東大二年生の長男光郎君らが照空灯の耀い夜空に向って手を振る事だろう。……高島教授が不自由な眼の痛々しい姿で立って挨拶をした。母校の近況、渡欧に決った事情、渡英後の計画等に付詳しく述べられた、その内に最近大学院設置に付き同教授の属される社会学部が審査委員会の審議にかけられた時、同学部の内容が日本に於て前例がないとの理由で難航を極めた由だが、調べてみると米国ではハーバード大学社会学部、シカゴ大学社会学部が之に符節を合せた様に一致しているとの事だった。更に英国でもPPE運動（politics, philosophy, economics）と云はれて上記の内容を綜合した学部の新傾向が仲々盛んになっている旨の話は仲々興味深く聞かれた。

まだまだ眼疾の本当に癒えない同教授の渡英に当り一同その出発を祝ひ併せてその健康を心より祈るのだった。……当日出席者　計廿七人　（T生記事）」

留学を決意して承認されたものの、「もう目はだんだん衰えていくさなか」でのことであり、

「こんな視力の状態で行けるかなと心配」で「実は非常に不安がありました」と、「私の経済学を語る」のなかで当時を振り返って語っている。同時に大学の行政事務の忙しさから過労となり、体調そのものも悪化してきたため療養生活に入り、当初四月一〇日ごろに出発する予定だったのを同月三〇日に延期せざるを得なかった。

　イギリス留学に先立って、お茶の水駅で待ち合わせて眼の診察に同行した長田五郎は、そのときのことを「高島善哉と山田秀雄」（『知の俤　山田秀雄先生追想』所収）や「自由は死もて守るべし」（『高島善哉著作集』第九巻月報）に次のように書いている。

「一九五二年三月、戦前にも診断を受けたことのある駿河台の井上眼科病院へ赴いた。そこで、『留学は、一人では絶対に無理で、助手を連れて行くならよろしい』という院長の診断を受けた（病名・中心性網膜症、戦前の診断は飛蚊症）。（中略）先生の視力が、外遊に到底耐え得ないほど、極めて衰えていることが発見された」

　診断の後の一か月ほどの迷いと決断の心情を、高島は一九五三年の秋に著したエッセー「眼と私」に書いている。

「事実私の視力はヨーロッパへの一人旅をほとんど許さない程度のものであったのだ。家族も友人もそれを実感をもって感じ取ることはできない。私だけが知る悩みである。しかし私は遂に決心し、手さぐりで一切の準備を整えた。そして羽田から飛び立つ日取りまで決まった。思えば命がけの飛躍であったわけだ。私の自己分裂は出発の前日最高潮に達し、恩師と友人の最後の努力によって危機寸前にこの飛躍を断念することができた」

　高島をもっとも強く説得したのは大塚金之助であり、杉本栄一も相談に乗っていた。帰宅した高島は、歓送のために自宅に集まったかつてのゼミナール生たちに、「もう、やめた！」と急遽留学断念を伝えたという。そのころほとんど毎日のように高島に会っていた山田秀雄によれば、非常に苦しんだ高島は大学当局に謝るしかないと辞職まで考えたようだ。それほど、深刻にこの問題について悩んでいたのだ。

　山田は、日本一の眼科医といわれていた元東京帝大医学部の石原忍が当時伊豆下田の近くに開業していたことを知り、高島を連れていった。中心性網膜炎の原因は梅毒と結核、そしてもう一つは「分からない」の三つだが、診察してみて前の二つはあり得ないから手の打ちようがないと宣告されてしまった。それ以後、高島は眼については何の治療もしなくなった。このあと腑《ふ》抜《ぬ》けのような状態になってしまった高島は、立ち直るために一年間ほど、ひたすら精神と肉体の静養に務めることになった。

　留学断念から一年半、「眼と私」には「自分とのたたかいに転向する」さまが綴られているので再び引用する。

「それから一年間は私にとって試練の時期である。第一の危機――それは最初に言ったようにまだ若い時代であった――は比較的楽に切抜けることができた。私はまだ元気で先ばかり見ていた。しかし第二の危機はそれとは違ったものとなった。私はまさに五十代に入ろうとし、先を考えると同時に後のことをいろいろ回想せざるをえない。私は自分の学問について考えると同時に、人生について、生命についても考えざるをえなかった。

私は学説に対する戦い、社会に対する戦い、階級に対する戦いから、全く自分自身に対する戦いに転向しなければならなかった。しかし結局私は社会科学の道を歩む以外に生き方はないと考えた。私は社会科学者として唯物論の問題を考え続けてきたが、いま改めてそれを見直す機会を持ったようにも思った。唯物論は主体的なものでなければならない。私はそれで生きていくことができる。こういう感じを深くした」

こうした苦悩のなかでつむぎ出された作品が、一九五四年に刊行された『社会科学入門』であった。その「まえがき」の末尾には次のように

『社会科学入門』初版の表紙

記されている。

「執筆の心組みをしてから脱稿までに約一年の時日がかかった。これはまったく私の肉体的障碍のためである。本書はいわば私の闘病録であって、私にとっては終生忘れることのできない記録となるであろう。私の健康がここまで恢復することができたのは、ひとえに私の恩師、先輩、友人、門下の諸氏など極めて多くの方々の温情と励ましによるものである。私はこれらの方々に心からの感謝のしるしとしてこのささやかな手記を贈りたいと思う」

このような状況なかで執筆された『社会科学入門』であるが、高島によれば「ちょうどその頃に『経済社会学の根本問題』以来の自分の考えが一応形をとってきて、体制と階級と民族という三つの柱を『社会科学入門』の基本に据えてやろうという気持ちになってきた」(「私の経済学を語る」)ようだ。それを社会科学の全体像としてまとめるべく、一年間にわたって苦心して研究し、考え抜いた結果生み出されたのがこの書である。それゆえ、啓蒙的な入門書でありながら高島なりの渾身の作であると言える。山田秀雄は、「これは先生の主著だ」といってもまちがいないと語っている。

この時期の共著『社会思想史概論』(一九六二年)もまた、高島のそれまでの構想を集大成したものであった。岩波書店の一九六二年四月の出版案内〈思想〉および〈図書〉に「執筆を終えて」を寄せて「共同作業の満足とよろこび」を語り、さらに次のように述べている。
「私は自分自身が十年も若返ったように感ずる。これが私にとって最大の収穫であったといわなければならない。たしかに私はこの十年間スランプ状態にあった。われながら低迷を続けてきたように思う。こんどの仕事で私は自分の体内にうっせきしていたものを一度にはき出す機会を与えられたような気がする」

この一〇年間とは、まさに「留学断念」からあとのことであることは言うまでもないであろう。この時期には、「自分自身に対する戦い」という「試練」と、それを乗り越えるなかで執筆された『社会科学入門』と、「十年も若返ったように感ずる」「最大の収穫」があった。とりわけ『社会科学入門』は、「卒業論文」以来胚胎した見方・考え方を分かりやすく高島の独壇場ともいうべき縦横無尽に展開した渾身の作であり、「名著」として長い間にわたって多くの読者を得ている。

「若がえって」妻と、三浦半島油壺にて
（写真提供：高島敦子）

▽アメリカとイギリスへ

イギリス留学を断念してから一〇年、一九六二（昭和三七）年に高島は初めてアメリカとイギリスを訪れた。一九四九年に設立された国際社会学会の第四回世界社会学会議がワシントンで開かれたのだが、それに出席し、そのあと、イギリス、フランス、西ドイツをはじめとする欧州七か国の社会学教育の実情を調査するための出張であった。このときも高島にはためらいがあり、「勇気と決断」が必要とされた。盲学校に学んでいる若い友人が用意してくれた白い杖とアドバイスを受け入れることで、勇気をもって機上の人となる決断ができた。

しかし、アメリカへの入国許可が遅れ、予定していた八月二八日の出発が九月七日に延びてしまった。高島がストックホルム・アピール[1]の署名者の一人であるとの理由からであった。出発が延びたため、ニューヨーク大学に留学中の娘敦子の所に着いたのは会議最終日の八日の午後五時であった。このときは、敦子と行動をともにする出張であったのだ。また、一橋大学の卒業生をはじめ、その関係者による車の手配や案内その他さまざまな援助を受けての滞在であった。

ニューヨークのアパートを拠点として、市内はもちろん、最初にワシントン方面へ四泊五日、次にボストン方面へというように精力的に自動車で見て回った。とくに、次のボストン方面への旅は印象深く、留守を守る妻みさをに次のような手紙を書き送っている。

> 第二回の旅の方がずっと気持がよくアメリカの精神にふれたように思いました。二七日から一日までやはり四泊五日。翌日は……途中でプリマスでメイフラワー号を見物し、ボストンに着きました。その翌日はケムブリッジのハーバード大学、M－I－T（理工科の有名な大学）、博物館（特に日本の部）見学。夜はドイツのレストランへ行って皆と一緒にドイツの歌を唄ったりドイツの酒をのんだりしてとても面白かった。次はコンコードへ行ってエマスン、ホーソン、ソローなどの墓を訪れた。一面においしげった林の中でこれらアメリカ精神の英雄たちは

（1）一九五〇（昭和二五）年三月、ストックホルムで開催された世界平和擁護大会常任委員会第三回総会で発表された原子兵器の絶対禁止要求。同年一一月までに五億人が署名し、平和・反核運動の先駆けとなった。

ニューヨークのリバーサイドで(写真提供：高島敦子)

静かに眠っている。国立の林をもっと大きくしたようなところで学校へ帰ったような気持。一層感銘が深かった。エマスンが住んでいた家もそのまま大切に保存されていた。とにかくこの日は今までで一番感銘の深い日であった。一体にこの地方はニューイングランドといってイギリスの気風を一番よく伝えている所だそうだ。我々の気持にくいこんでくるのも自然であるかもしれない。第四夜はアムハーストの木賃宿に泊り、翌日その地の大学（理科）を見物、ニューヨークへの帰途ニューヘーブンのイエール大学へちょっと立寄った。こういうわけで第二回目の旅行は非常に経済的でしかも思想家と詩人と大学の旅、精神的に深かったと思います。

ロンドンへは一〇月一四日の夕方にニューヨークを発って一五日の朝八時前に着き、留学中の山田秀雄、朝日新聞の大森繁雄、ジェトロの青木正也の出迎えを受け、滞在中は何人ものゼミナリステンの世話になった。

ロンドンから妻宛に送られた手紙を見てみよう。

はじめ中々なじみにくかったロンドンも段々と慣れてきて、慣れるに従いイギリスのよい所がわかってきました。……この間エリザベスが解放したリージェントパークへ連れていってもらいました。見わたすかぎりの芝生で所々に森があり全く落着いて上品なイギリスの風景――しかもロンドンの真中で――イギリス的な風土の匂いを感じました。

高島がロンドンに滞在していたときにキューバ危機(2)が起きた。ワシントンの政策に対する批判的なイギリスの世論や、アメリカ大使館前の広場でのデモ隊と警官の間には小さな暴力も言い合いもなく、また警官は白杖の高島を安全な場所へ誘導してくれたり、そしてビルの守衛たちがデモに参加している人たちを「浮浪者」呼ばわりしていることなどから、イギリス市民社会の光と影やイギリスの複雑さが分かってきたという（「白杖とともに」『自ら墓標を建つ』所収）。

イギリス滞在のあとは大陸の主要都市を回る計画となっていた。この旅行中、体重が増えて五八キロもあって健康状態もすこぶるよかったというが、帰国後すぐにはじまる講義のために体調を整える必要性があったこと、そしてこれ以上娘の敦子に無理をかけたくないという思いから、一一月五日の午後、ロンドンを発ってまっすぐ東京に帰ることにした。羽田に着いたのは六日の午後一〇時すぎであった。

（2）一九六二（昭和三七）年一〇月、ソ連がキューバにミサイル基地を建設すると、アメリカのケネディー大統領はその撤去を求めてキューバを海上封鎖し、米ソによる核戦争勃発の危険が高まった。ソ連が譲歩して危機は回避された。

それから、二二年後、孫のインタビューに答えてこの旅行を次のように振り返っている。

「眼が悪いからね、思うように動けない。ただ、空気を吸いに行っただけ。ちょっと見たぐらいじゃ、わからないけどね。でもやっぱり、向こうの、日本人とはやっぱり違うってことがわかるね。市民生活を、市民的なものを。……今まで書物の上で考えていたことを、実際にね、確かめたっていうことだけで、とくに考えは変わらない」


一〇年前のときと同じように、どのようにしてニューヨークまで「一人でたどりつくことができるか」という心配が先に立ったが、大塚金之助の口を通して「市民社会」という言葉を聞いてから四〇年近くの間一貫して「市民社会」を論じ、構想してきた高島自身にとっては、一度は英米の市民社会に直接触れてみたいという気持ちのほうが「心配」よりも勝った。帰国後、現実感覚が獲得できた達成感をエッセーに次のように書いている。

「市民社会」は「ただ頭の中で考えられたものであり、人づてにきいたものであり、いわば想像上のものでしかなかった。私はいまやっと概念から実感の世界へ、想像から現実の世界へ下りることができたような気がする」（「白杖記序説」『自ら墓標を建つ』所収）

第8章

高島社会科学の集大成へ

▽一橋大学教授を辞めて関東学院へ

一九六六年の二月、高島は一橋大学における「社会科学概論」の最終講義を行って退職した。六二歳になる年の春、定年の一年前であったが、これは社会学部の改革の問題が延々と引きつづいていることや、とりわけ「一橋大学」という重荷を背負うことに疲れてのことであったという。退職後は、その年の四月から関東学院大学で、主に大学院での指導を行った。

一橋退職後も研究をつづける眼の不自由な恩師に対して、高島自身が「蘇水会」と命名した高島ゼミナール出身者の会が募金を行って研究助手の人件費を提供した。

一橋から離れたあとの高島は活発に研究を進めた。民族と階級を結ぶものとして風土論を展開し、岩波新書版『アダム・スミス』の刊行、現代ナショナリズム論を展開した『民族と階級』の刊行、『マルクスとヴェーバー』の刊行、積年の課題であった生産力論の展開、『現代国家論の原点』の刊行、第二の社会科学入門と言われる『社会科学の再建』刊行と、これらの執筆は関東学院を完全に退職した一九八一年（常勤の退職はその前年）までの一五年間のことである。そして一九八六年には、イデオロギー論をふまえた生産力理論、すなわち市民制社会を論じた『時代に挑む社会科学』を発表し、高島社会科学の集大成に向かったのである。この書は、入門三部作の最後と位置づけた高島の、現代社会を総合的に捉え直し、新たな社会への展望を提示するという「挑戦」であったと言える。

これだけではなかった。高島にはさらに次の構想がすでに湧出していた。次の書は『イデオロギーの復権』であり、そしてもう一冊、ユルゲン・ハーバーマス（Jürgen Habermas）の現代的意味を問いつつ理論と実践の問題に迫る『生活世界の思想と科学』である。山田秀雄が最後に行った談話記録から引用させていただくなら、「どこから、あの素晴らしいエネルギーと、思弁力が、思索力が、出てくるのか、もう驚嘆としか言いようない」ものである。

この間、高島にはさらに二つの試練に襲われた。一九七五年、定期健康診断で肺ガンの疑いが明らかになり、阿佐ヶ谷の自宅近くにある河北総合病院に入院して手術を受けた。周囲がたいへん心配する一方、本人はあまり不安ではなかったと語っているが、妻みさをの看病の甲斐あってこの闘病に打ち勝つことができた。この大手術と闘病を通して、生きているということの意味が今までよりよく分かるようになったといい、このころから仏教に関する本も読むようになっていった。

しかし、次の試練は高島にかつてないほど大きな打撃を与えた。

一九七六年一〇月、妻みさをはハーバード大学へ留学中の敦子に次のような手紙を書いている。

　私も秋の老人検診でコレステロールが大へん多いことがわかりちょっとショックです。動物性脂肪はとらないように、野菜ばかりの食事をしていますが、お父さんの食事と合わないので困ります。（動脈硬化で倒れるようなことになったら大へんですからね）。

　そして、その翌年の八月に妻みさをは脳血栓を発病した。高島は「途方に暮れ、奈落の底につきおとされたといってもいい」状態に追い込まれたのである（「二人三脚の五十年」）。その後、眼の不自由な高島と言語障害をともなった半身不随の妻との「二人三脚」の闘病生活がはじまった。

　この困難な状況にありながらも、強靱な精神力でもって落ち着きを取り戻していった高島は研究を再開した。また、妻みさをが闘病生活中にあった一九八〇年には、高島ゼミナール出身者のみならず予科出身者なども含めた約四〇〇人からなる「高島善哉の会」が結成され、このときもまた募金を行って助手の人件費の提供をつづけ、高島夫妻を物心両面で支えつづけたのだ。しかし、六年の闘病生活ののち一九八三年九月一二日、妻みさをは高島を残して先立ってしまった。晩年、妻みさをを溺愛したといわれる高島のこのときの落胆ぶりは、まことに甚大なものであった。

　みさをの闘病中から高島家の家庭と高島の心身の立ち直りを支えたのは、住み込みの「優秀なお手伝い」の中橋八重であった（「二人三脚の五十年」）。痛ましいことに、この中橋は一九九七年八月に交通事故で亡くなっている。

一九八九年一一月下旬のある日、「学問遍歴を語る高島善哉先生」のインタビューが、高島の自宅の応接間でおよそ三時間にわたって行われた。その疲れからであろうか、体調を崩した高島は一一月二七日、肺の手術のときに入院した河北総合病院に入院して回復に努めた。しかし、まもなく高熱を発し、年を越した一九九〇年一月一〇日、摂取した食物による呼吸不全で死去した。

死去の数日前の五日ごろ、入院中の父を見舞った次男の竜哉は、父が「時間という氷柱に閉じこめられた」とはっきり語ったのを聞いたという。この言葉が、竜哉が聞いた父の最期の言葉だったという。こうして高島は、『イデオロギーの復権』と『生活世界の思想と科学』の二著は構想のままにこの世を去ったのである。

心身の立ち直り、自宅にて（写真提供：高島敦子）

高島善哉は、学生と学園と家族を愛した心優しい人であった。その生涯は、若き日の母の死から最愛の伴侶の死へと連なる「孤独」と「挑戦」の一生であった。しかし、「孤独ではあるが孤立ではない」八五年であった。晩年の高島は、虚子の「去年今年貫く棒の如きもの」と、瓢水の「浜までは海女も蓑着る時雨かな」を好んだが、この二つの句に自らの生涯を重ねていたのだろう。

遺志により、遺体は東京医科歯科大学に献体されたのち、八王子の富士見台霊園に埋葬された。墓所は「西中段区一一二」である。

高島家の墓（2009年７月筆者撮影）

あとがき

私が高島善哉先生の教えを直接いただくようになったのは、民間企業勤めを辞めて一九七二年に関東学院大学の大学院生としてゼミナールへの参加が許されてからである。そして、一九七八年からは、一九八九年末に入院されるまで先生の私設助手として阿佐ヶ谷北三丁目のお宅に通うようになったので、さらにより一層親しく謦咳に接することができた。この足かけ一二年という時間が、本書を著すことになった理由だと私は思っている。

それにもかかわらず、逝去後に編まれた『市民社会論の構想』（新評論）と『高島善哉著作集』（こぶし書房）に附した年譜や著作目録の作成、そして本書を執筆するために行った調査の過程では、あのときに聴いておけばよかった、あのこと、このこと、あれはどういうことだったのかなど悔やまれることしきりで、阿佐谷通いのたびにメモに取っておけばよかったと反省するばかりである。

それゆえ本書は、本人による自伝的エッセーを主要な材料とし、門下生をはじめとする親しい間柄にあったみなさまの思い出などを加味させていただき、私が直接目にしたり耳にしたりしたわずかばかりの記憶に残る事柄を付け加えて著すこととなった。言ってみれば、高島先生が辿った日常風景の記述であろう。

ご覧のような拙い本書ではあるが、実は脱稿までにほぼ六年の歳月を要している。これは、私が高校の教員として校務に追われる日々がつづいていたことと、ひとえに筆者の非力によるものである。「一日も早く伝記の刊行を！」と待ち望まれていた先輩をはじめ、関係者のみなさまにお詫びをするとともに、ようやく刊行の運びとなったことを報告させていただくと同時に、このような形で刊行することができたのは、きわめて多くの方々の励ましとお力添えのおかげであることからも深甚の謝意を申し上げたい。

「高島善哉の会」の村上利雄会長および相良重雄副会長、横浜市立大学名誉教授で「日本子どもを守る会」常任理事の長田五郎先生、一橋大学名誉教授で「高島善哉の会」の初代会長であった故山田秀雄先生、中央大学名誉教授であった故山中隆次先生、筆者の学部学生時代からの恩師で成城大学名誉教授の上野格先生、一橋大学社会学研究科教授の渡辺雅男先生に心よりお礼を申し上げたい。また、毎年一二月に開催して昨年末で一〇回に及ぶ「高島善哉研究会」の会員およびその都度のゲスト報告者の方々、インタビューに応じてくださった方々、「高島善哉の会」の会員のみなさまに深く感謝申し上げます。

そして、高島善哉先生のご長女である高島敦子女史とご次男の高島竜哉氏には、とくに本書が完成したことのご報告とお礼を申し上げたい。その他、すべての方々のお名前を挙げることはできないが、お世話になったみなさまにこの場をお借りして厚くお礼申し上げます。

本書を書き終えて今改めて思うことは、願わくば近い将来、高島先生のご自身のノートや書籍への書き込み、そして書簡などを利用して、より深みと奥行きのある評伝が書かれることである。と同時に、私ではとても追究しきれない高島先生の学問上の生涯がそれぞれの専門家の手によって書かれることも祈っている。

高島先生の学問的生涯は、ものと情報、およびそれらの生産過程をつぶさに見ることができず、現実感覚に乏しいがゆえに、それを補うべく過度に彫琢《ちょうたく》されたものとなったという捉え方もあるだろう。しかし、先生の著書のいくつかを繙《ひもと》いていただけば分かるように、その見事なまでの現実感覚と構想力の一貫性には驚嘆せずにいられないであろう。先生が後世に遺した教えはかぎりなく広くて深い。独自の市民社会論を構想した学問的生涯から学ぶべきことは、今なお少なくないと思われる。

ところで、本書の副題を「孤独ではあるが孤立ではない」としたことについて簡単に記しておきたい。

この言葉は、晩年の高島先生がみさを夫人を亡くされたあと、あるときに発せられたものである。私の耳元にいつも響き、誠に先生の生涯はそうであったのかと、今も忘れることのできない一語となっている。そしてこの一語は、本書を読まれても分かるように「挑戦」の生涯でもあったことを意味している。私がこの一語を副題とした理由は、読者のみなさまもこの一語を読むことによって、自らの生涯を振り返ったときに深い感慨が込められていると感じていただけるのではないかと思ったからである。

最後になったが、本書の発行元である株式会社新評論との仲介役を引き受けてくださった長田五郎先生に改めてお礼を述べるとともに、新評論の武市一幸氏に感謝の言葉を申しあげる。出版事情がことのほか厳しい折にもかかわらず、本書の刊行を快く引き受けてくださったうえに、本書をまとめるに際して懇切丁寧なアドバイスをいただいた。ここに記して、厚くお礼を申し上げる。

このあと、私がしなければならないことは、本書を高島善哉先生の墓前に供えることである。本書の刊行をご報告するとともに、つたない助手であったことを改めてお詫びしたい。

二〇一〇年　正月

上岡　修

参考文献一覧

①高島善哉自身の著書・共著書・訳書など

・「歴史学派」東京商科大学一橋新聞部編『経済学研究の栞』三省堂、一九三五年。
・ザーリン『国民経済学史』三省堂、一九三五年。
・「社会認識の出発」〈一橋新聞〉第二八六号、予科版、一九三九年四月五日。
・「福田博士を語る」〈一橋新聞〉号外、予科版、一九四〇年七月一〇日。
・『経済社会学の根本問題——経済社会学者としてのスミスとリスト』日本評論社、一九四一年。
・ザーリン『経済学史の基礎理論』三省堂、一九四四年。
・「社会科学の黎明期」『若き日の軌跡』学生書房、一九四八年。
・『社会科学と人間革命——一つの社会科学入門』白日書院、一九四八年。
・『社会科学入門』岩波書店、一九五四年。
・「よき日の学生時代」〈毎日新聞〉一九五五年八月二日。
・「経済学を学びかけたころ」〈経済セミナー〉一九五七年一〇月号。
・『社会科学——見かた・考えかた』（共著者・長洲一二）青春出版社、一九五七年。

・「恋愛するヒマもなし」『学校時代』潮文社、一九五八年。
・「先生の職務勉励」『福田徳三先生の追憶』福田徳三先生記念会、一九六〇年。
・「学問・人生・社会――高島善哉教授に聞く」（Ⅰ）（Ⅱ）（聞き手・清水嘉治、山田宗睦）関東学院大学経済学会研究論集『経済系』第一一九集、一二〇集、一九七九年三月、六月。
・「私の経済学を語る」（第一回～第四回）（聞き手・本間要一郎、清水嘉治）〈エコノミスト〉一九八〇年四月一日号～四月二二日号（のちに『人間・風土と社会科学――続・私の人生論ノート』に収録）。
・『自ら墓標を建つ――私の人生論ノート』秋山書房、一九八四年。
・『人間・風土と社会科学――続・私の人生論ノート』秋山書房、一九八五年。
・「大塚金之助先生と一橋の学問」『橋問叢書』第五二号、一橋の学問を考える会、一九八六年。
・「市民制社会と一橋の学問」『橋問叢書』第五七号、一橋の学問を考える会、一九八七年。
・「学問遍歴を語る高島善哉先生――アダム・スミス没後二百年をむかえて」（聞き手・水田洋、杉山忠平、大森郁夫、坂本達哉）〈経済評論〉一九九〇年七月号（のちに、水田洋・杉山忠平編『アダム・スミスを語る』ミネルヴァ書房、一九九三年に「市民社会論にむけて」と改題して収録）。
・山田秀雄編、高島善哉『市民社会論の構想』新評論、一九九一年。
・渡辺雅男編『高島善哉著作集』全九巻および月報、こぶし書房、一九九七年～一九九八年。

②著書・エッセーなど

・赤松要編、福田徳三『生存権の社会政策』黎明書房、一九四八年（のちに新訂版、講談社学術文庫、一九八〇年）。
・大塚有章『未完の旅路』（第三巻）三一書房、一九六〇年。
・『福田徳三先生の追憶』福田徳三先生記念会、一九六〇年。
・『上田貞次郎日記　大正八年〜昭和十五年』上田貞次郎日記刊行会、一九六三年。
・安田金三郎「ひとつの人格・高島善哉」（その1）〜（その3）〈図書新聞〉第八〇九号〜八一一号、一九六五年五月八日、五月一五日、五月二二日。
・水田洋『ある精神の軌跡』東洋経済新報社、一九七八年。
・「大塚金之助著作集」全一〇巻および月報、岩波書店、一九八〇〜一九八一年。
・船越経三「私の学問遍歴の過程」神奈川大学経済学会『商経論集』第一八巻第一号、一九八三年一月。
・水田洋『人のこと本のこと』ミネルヴァ書房、一九八四年。
・越村信三郎『いくつ峠を越えたかな』春秋社、一九八七年。
・古賀禧子編『生きることと学ぶこと——古賀英三郎　遺文・追想・弔辞・他』一九九一年。
・水田洋『評論集　クリティカルに』御茶の水書房、一九九四年。
・平田清明「歴史の反省・古典と現代」『立命館産業社会論集』第三一巻第四号、一九九六年三月。

・今井忠男『自由と青春の碑――石神井に商大予科があったころ』一九九六年。
・水田洋「おだやかな学風にふれて」〈春秋〉春秋社、一九九八年四月。
・韮沢忠雄『浅間のけむり』光陽出版社、一九九九年。
・上岡修「高島善哉の政治活動への関わり」渡辺雅男編『高島善哉――その学問的世界』こぶし書房、二〇〇〇年。
・上岡修「高島善哉の『経済社会学』への旅立ち」成城大学『経済研究』第一五九号、二〇〇三年一月。
・徳田吉男『高島善哉先生を偲ぶ』二〇〇三年。
・上岡修「わが師を語る　高島善哉先生」オルタ・フォーラムQ編集・発行〈QUEST〉第二六号、二〇〇三年七月。
・佐伯尤（代表）編『知の俤――山田秀雄先生追想』二〇〇四年。
・大澤俊夫『東京商科大学予科の精神と風土』二〇〇五年。

③入学・卒業記念文集

・東京商科大学入学五十周年記念文集編集委員会編『東京商科大学入学50周年記念文集』十月クラブ、一九九二年。
・昭和十八年学部入学会五十周年記念文集編集委員会編『昭和十八年学部入学会五十周年記念文集』一

九九三年。

・高橋巌（代表）編『郁水五十年――東京商科大学学部昭和十九年卒業五十周年記念文集として』郁水会、一九九四年。

・記念文集編集委員会編『橋畔に――そして今』橋畔会、一九九五年。

・昭和二十五年卒業者総会・幹事会編『わが師、わが友、一橋――学窓遙か五十年』二〇〇〇年。

・昭和一九年度・国立一橋寮全寮生大会幹事会編『一橋寮の思い出――昭和一九年度国立一橋寮全寮生大会記念文集』二〇〇三年。

④学園史関係資料

・『東京商科大学一覧（昭和二年度）』東京商科大学、一九二七年。

・田中一幸（代表）編『Hitotsubashi in Pictures 1950』一橋創立七十五周年記念アルバム委員会、一九五一年。

・『一橋大学年譜』（I）（明治八年八月～昭和二一年三月）一橋大学、一九七六年。

・一橋大学学園史編集委員会編『一橋大学学問史』一九八二年。

・一橋大学学園史編纂事業委員会編『大正デモクラシーの開花期のころの学園』一九八三年。

・一橋大学学園史編纂事業委員会編『一橋のゼミナール』一九八三年。

・一橋大学学園史編纂事業委員会編『戦後と一橋』一九八三年。
・一橋大学学園史編纂事業委員会編『第二次大戦と一橋』一九八三年。
・一橋大学学園史編纂委員会編『花開く東京商科大学予科と寮』一九八四年。
・一橋大学学園史編纂委員会編『一橋の学風とその系譜』（Ⅰ）一九八五年。
・如水会学園史刊行委員会編『昭和七〜一一年の東京商科大学』一九八七年。
・如水会学園史刊行委員会編『大学昇格と籠城事件』一九八九年。
・一橋大学学園史編纂委員会編『戦争の時代と一橋』一九八九年。
・一橋大学学園史刊行委員会編『一橋大学百二十年史』一九九五年。
・『一橋大学年譜』（Ⅱ）（昭和二〇年一月〜昭和六三年一二月）一橋大学、二〇〇四年。

⑤新聞・雑誌など

・〈一橋新聞〉第一号〜、一九二四年〜。
・〈大塚会会報〉創刊号〜、一九八一年〜。
・〈一橋寮報〉昭和一七年四月二五日。

⑥インタビュー

・高島善哉（東京・高島宅）「高島善哉の一生」聞き手・高島千代、一九八四年。
・板垣與一（東京・板垣宅）聞き手・西沢保、上岡修、一九九八年一月一三日。
・山田秀雄（東京・山田宅）聞き手・相良重雄、長田五郎、上岡修、二〇〇二年六月一六日。
・茂木健二（藤沢・茂木宅）聞き手・長田五郎、大澤俊夫、上岡修、二〇〇四年一一月二三日。
・韮沢忠雄（東京・韮沢宅）聞き手・長田五郎、上岡修、二〇〇六年九月三〇日。
・本間要一郎（東京・本間宅）聞き手・長田五郎、上岡修、二〇〇六年一〇月二二日。
・後藤隆一（東京・後藤宅）聞き手・長田五郎、上岡修、二〇〇六年一二月三日。
・清水嘉治（横浜・神奈川大学）聞き手・長田五郎、上岡修、二〇〇七年六月一六日。
・有馬治雄（東京・如水会館）聞き手・長田五郎、上岡修、二〇〇七年九月一八日。
・谷本眷二・町田秀春（東京・如水会館）聞き手・長田五郎、上岡修、二〇〇八年五月八日。

高島善哉略年譜

西暦	元号	年齢	主な出来事	主要著書など
一九〇四年	明治三七年	〇歳	岐阜県羽島郡松枝村に出生	
一九〇五年	明治三八年	一歳		
一九〇六年	明治三九年	二歳		
一九〇七年	明治四〇年	三歳		
一九〇八年	明治四一年	四歳		
一九〇九年	明治四二年	五歳		
一九一〇年	明治四三年	六歳		
一九一一年	明治四四年	七歳	松枝村立松枝小学校入学	
一九一二年	大正　元年	八歳		
一九一三年	大正　二年	九歳		
一九一四年	大正　三年	一〇歳		
一九一五年	大正　四年	一一歳		
一九一六年	大正　五年	一二歳		

一九一七年	大正 六年	一三歳	岐阜県立岐阜中学校入学	
一九一八年	大正 七年	一四歳		
一九一九年	大正 八年	一五歳		
一九二〇年	大正 九年	一六歳	〈東京商科大学発足〉	
一九二一年	大正一〇年	一七歳	東京商科大学予科入学 母ゑい逝去	
一九二二年	大正一一年	一八歳		
一九二三年	大正一二年	一九歳		
一九二四年	大正一三年	二〇歳	東京商科大学予科卒業 東京商科大学学部（本科）入学 福田徳三のゼミナールに参加	
一九二五年	大正一四年	二一歳	大塚金之助のゼミナールに編入	
一九二六年	大正一五年	二二歳	東京商科大学卒業、商学士	「経済静学と経済動学の国民経済学的意義——ヨセフ・シュム
一九二七年	昭和 二年	二三歳	東京商科大学助手（官吏、有給）	

一九二八年	昭和　三年	二四歳	東京社会科学研究所研究員 東京商科大学予科講師 マルクス『剰余価値学説史』の翻訳に着手	「ペーターの一研究」（卒業論文）
一九二九年	昭和　四年	二五歳	『新興科学の旗のもとに』に二論文を寄稿 助手論文を福田徳三に提出 東京商科大学助手解任 東京商科大学補手（無給）、これ以降予科のドイツ語を担当 飛蚊症を患い視力衰退	「静観的経済学止揚の方法」（助手論文）
一九三〇年	昭和　五年	二六歳	『世界経済年報』の邦訳に参加	
一九三一年	昭和　六年	二七歳		
一九三二年	昭和　七年	二八歳	五月一四日、後藤みさをと結婚	
一九三三年	昭和　八年	二九歳	東京商科大学補手を退職	

			一二月二一日、杉並警察署員に検挙され、警視庁特高課刑事による取調べを受け『剰余価値学説史』の訳稿を押収される	
一九三四年	昭和　九年	三〇歳	大学の調査部の研究に参加	
一九三五年	昭和一〇年	三一歳	東京商科大学予科教授 〈白票事件〉	訳書ザーリン『国民経済学史』三省堂
一九三六年	昭和一一年	三二歳	一年間、大倉高等商業学校講師	
一九三七年	昭和一二年	三三歳	東京商科大学講師	
一九三八年	昭和一三年	三四歳	東京商科大学助教授（兼任）	
一九三九年	昭和一四年	三五歳		
一九四〇年	昭和一五年	三六歳	中央大学講師（四三年度迄）	
一九四一年	昭和一六年	三七歳	東京商科大学教授（兼任）	『経済社会学の根本問題』日本評論社
一九四二年	昭和一七年	三八歳	東京商科大学学生主事	

一九四三年	昭和一八年	三九歳	東京商科大学予科寄宿寮監	論説「社会学徒の自覚をもって戦ひ抜け」
一九四四年	昭和一九年	四〇歳	東京商科大学予科学生課長 〈東京商科大学は東京産業大学と改称される〉	改訳書ザリーン『経済学史の基礎理論』三省堂
一九四五年	昭和二〇年	四一歳	東京産業大学学制委員会委員	
一九四六年	昭和二一年	四二歳	東京産業大学予科長	論説「価値論の復位」
一九四七年	昭和二二年	四三歳	〈東京産業大学を東京商科大学と改称〉	『アダム・スミスの市民社会体系』日本評論社、共訳書アダム・スミス『グラスゴウ大学講義』日本評論社
一九四八年	昭和二三年	四四歳	研究会「日曜会」発足 平和問題討議会に参加	『経済社会学の構想』白日書院、 『社会科学と人間革命』白日書院
一九四九年	昭和二四年	四五歳	〈東京商科大学は一橋大学となる〉 法学社会学部社会学科長	『今日の経済生活』大日本紡績株式会社
一九五〇年	昭和二五年	四六歳	〈三月三一日、予科廃止〉	『社会科学への道』弘文堂

一九五一年	昭和二六年	四七歳	一橋大学評議員 〈法学社会学部は法学部、社会学部としてそれぞれ独立〉	『新しい愛国心』弘文堂 『社会科学と人間革命』（改訂版）勁草書房
一九五二年	昭和二七年	四八歳	イギリス等への留学を承認されるが、病状等を勘案し断念	『社会科学への道』（増補版）理論社、共著『社会科学はいかに学ぶべきか』春秋社
一九五三年	昭和二八年	四九歳	一橋大学教授（社会学部）に配置換、初めて大学正教授となる 大学院社会学研究科担当	『国民の生活と経済』御茶の水書房、『原典スミス「国富論」解説』春秋社、『経済社会学者としてのスミスとリスト』如水書房
一九五四年	昭和二九年	五〇歳	「社会学小研究会」発足	『社会科学入門』岩波書店、『現代社会科学ノート』河出書房
一九五五年	昭和三〇年	五一歳	東京女子大学講師、信州大学講師	『アダム・スミスの市民社会体系』（文庫版）河出書房
一九五六年	昭和三一年	五二歳	ラジオ放送「社会科学入門」	『学生のための人生論』青木書店、

			信州大学講師	監修『社会科学年表』同文館、『国民の社会科学』日本評論新社
一九五七年	昭和三二年	五三歳	東京女子大学講師（五八年度迄）	『青年と思想革命』理論社、共著『社会科学—見かた・考えかた』青春出版社
一九五八年	昭和三三年	五四歳	一橋大学社会学部長（一九六二年三月まで）、信州大学講師	『近代社会科学観の成立』東京出版
一九五九年	昭和三四年	五五歳		
一九六〇年	昭和三五年	五六歳	父善郎逝去	エッセー「先生の職務勉励」
一九六一年	昭和三六年	五七歳		
一九六二年	昭和三七年	五八歳	アメリカおよびイギリスに出張（九月七日～一一月六日）	共著『社会思想史概論』岩波書店
一九六三年	昭和三八年	五九歳	教育大出身者の「日曜会」発足	
一九六四年	昭和三九年	六〇歳	ラジオ放送「失明と勉学」	

一九六五年	昭和四〇年	六一歳	ラジオ放送「眼とわたし」	
一九六六年	昭和四一年	六二歳	一橋大学退職、一橋大学名誉教授の称号を授与される 関東学院大学経済学部特約教授、大学院経済学研究科指導教授 関東学院大学大学院委員会議長 高島ゼミナール出身者の会「蘇水会」が結成され研究助手の提供を受ける、同会による「還暦の祝いおよび退官記念のつどい」	『現代日本の考察』竹内書店
一九六七年	昭和四二年	六三歳	故太田可夫教授告別式で弔辞	
一九六八年	昭和四三年	六四歳		『アダム・スミス』岩波書店
一九六九年	昭和四四年	六五歳		
一九七〇年	昭和四五年	六六歳		『民族と階級』現代評論社
一九七一年	昭和四六年	六七歳	中央大学「国家論研究会」顧問	『実践としての学問』第三出版

一九七二年	昭和四七年	六八歳		
一九七三年	昭和四八年	六九歳	研究会「風切会」発足	
一九七四年	昭和四九年	七〇歳	関東学院大学大学院経済学研究科委員長	『アダム・スミスの市民社会体系』（改訂最終版）岩波書店
一九七五年	昭和五〇年	七一歳	一橋大学創立百周年シンポジウムに出席 肺の手術を受ける	『マルクスとヴェーバー』紀伊國屋書店
一九七六年	昭和五一年	七二歳	ラジオ放送「第三の人生」	
一九七七年	昭和五二年	七三歳	八月、妻みさを脳血栓を発病	
一九七八年	昭和五三年	七四歳	「高島善哉先生を励ますつどい」	
一九七九年	昭和五四年	七五歳	経済理論学会第二七回大会参加	『現代国家論の原点』新評論
一九八〇年	昭和五五年	七六歳	関東学院大学退職 関東学院大学大学院非常勤講師 門下生を中心に約四〇〇名からなる「高島善哉の会」が結成さ	

			れ、研究助手の提供を受ける	
一九八一年	昭和五六年	七七歳	関東学院大学完全退職 日本青年館内・東洋軒において第一回「高島善哉の会」大会開催	『社会科学の再建』新評論
一九八二年	昭和五七年	七八歳		
一九八三年	昭和五八年	七九歳	九月一二日、妻みさを逝去	
一九八四年	昭和五九年	八〇歳	七月一四日、「傘寿を祝う会」	『自ら墓標を建つ』秋山書房
一九八五年	昭和六〇年	八一歳		『人間・風土と社会科学』秋山書房
一九八六年	昭和六一年	八二歳	講演「大塚金之助先生と一橋の学問」、講演「市民制社会と一橋の学問」	『時代に挑む社会科学―なぜ市民制社会か』岩波書店
一九八七年	昭和六二年	八三歳		
一九八八年	昭和六三年	八四歳		論説「イデオロギーとは何か」

一九八九年	平成　元年	八五歳	一一月二七日、入院	
一九九〇年	平成　二年		一月一〇日、逝去 二月四日、「高島善哉先生追悼会」	
一九九一年	平成　三年			山田秀雄編『市民社会論の構想』新評論
一九九五年	平成　七年			渡辺雅男編『価値論の復位』こぶし書房
一九九七年〜一九九八年	平成　九年〜平成一〇年			渡辺雅男責任編集「高島善哉著作集」（全九巻）こぶし書房

高島善哉と高島みさをの墓所は富士見台霊園（西中段区一二）にある。高島は一橋大学退職後に、退職金の一部でこの墓所を購入した。「高島家之墓」として建てられた墓標の裏面には「昭和四十二年七月　高島善哉建之」、側面には「高島みさを一九八三年九月十二日歿七十一歳」「高島善哉一九九〇年一月十日歿八十五歳」と並んで刻されている。

富士見台霊園の所在地　〒一九二－〇〇三四　東京都八王子市大谷町一〇一九－一

（電話〇四二－六四二－八〇三八）

【ら】

リカード（David Ricardo, 1772〜1823）イギリスの経済学者。イギリス古典派経済学の完成者。著書に『政治経済学および課税の原理』他。 81, 159

リスト（Friedrich List, 1789〜1846）ドイツの経済学者。ドイツ歴史学派の先駆者。スミスを批判して「国民経済学」の樹立に努めた。著書に『政治経済学の国民的体系』他。 142, 145, 147, 159, 163, 164, 167, 175

リッケルト（Heinrich Rickert, 1863〜1936）ドイツの哲学者。西南ドイツ学派の代表的哲学者の一人。著書に『文化科学と自然科学』他。 45, 55

リーフマン（Robert Liefmann, 1874〜1941）ドイツの経済学者。著書に『企業形態論』『経済学原論』他。 116〜120

ルカーチ（Geörgy Lukács, 1885〜1971）ハンガリーの哲学者。マルクス主義理論家を代表する一人。著書に『歴史と階級意識』『若きヘーゲル』他。 86, 125

ルクセンブルク（Rosa Luxemburg, 1870〜1919）ポーランド生まれの革命思想家、マルクス主義経済学者。ドイツ共産党の創始者の一人。著書に『社会改良か革命か』『民族問題と自治』『資本蓄積論』他。 91

レーデラー（Emil Lederer, 1882〜1939）ドイツの経済学者。ヒトラー内閣成立後アメリカに亡命。著書に『技術経済学』『大衆の国家』他。 117

レーニン（Vladimir Iliich Lenin, 1870〜1924）ソ連共産党およびソ連邦の創設者、マルクス主義理論家。著書に『ロシアにおける資本主義の発展』『帝国主義論』『国家と革命』他。 91, 117

ローダデール（James Maitland, 8th Earl of Lauderdale, 1759〜1839）スコットランドの政治家、経済学者。主著"An inquiry into the nature and origin of public wealth, and into the means and causes of its increase"（1804）でスミスを批判した。 159

ロッシャー（Wilhelm Georg Friedrich Roscher, 1817〜1894）ドイツの経済学者。旧歴史学派の創始者の一人。著書に『歴史的方法による国民経済学講義要綱』他。 118, 146

年、東京商科大学本科（大塚金之助ゼミ）卒。 66

山田秀雄（やまだ・ひでお、1917〜2002）経済学者。東京商科大学本科（高島ゼミ）卒。一橋大学経済研究所教授、一橋大学経済研究所長、津田塾大学教授、八千代国際大学（現・秀明大学）教授。高島の篤い信頼を得ていた。「高島善哉の会」初代会長。著書に『イギリス植民地経済史研究』『イギリス帝国経済史研究』他、編著に『イギリス帝国経済の構造』他。 69, 161, 162, 165, 166, 207, 212, 213, 219, 220, 222, 226, 231, 236

山田雄三（やまだ・ゆうぞう、1902〜1996）経済学者。東京商科大学本科卒。東京商科大学（一橋大学）教授。著書に『計画の経済理論』『国民所得の計画理論』『価値多元時代と経済学』他。 36, 66〜68, 70, 76, 77, 81, 119, 125 〜127, 129, 132, 143, 148, 149, 150, 159, 164, 217

山中隆次（やななか・たかじ、1927〜2005）経済学者、社会思想史研究者。東京商科大学本科（高島ゼミ）卒。和歌山大学教授、中央大学教授。著書に『初期マルクスの思想形成』、翻訳書に『マルクス パリ手稿』他。 208, 209, 213, 236

山中篤太郎（やまなか・とくたろう、1901〜1981）経済学者。東京商科大学本科卒。東京商科大学（一橋大学）教授、一橋大学長。著書に『中小工業の本質と展開』『産業高度化と中小企業』他。 89, 90

山本安英（やまもと・やすえ、1906〜1993）舞台女優。1924年築地小劇場研究生となり、1929年新築地劇団に加入、1947年ぶどうの会結成。1949年『夕鶴』を初演、以後代表作となる。著書に『鶴によせる日々』『舞台と旅と人』他。 52

吉田静一（よしだ・しずかず、1930〜1982）経済学者（フランス経済史、フランス経済学史）。名古屋大学経済学部卒。神奈川大学教授等を歴任、東京経済大学教授。著書に『近代フランスの社会と経済』『フランス古典経済学研究』他。 213

吉野作造（よしの・さくぞう、1878〜1933）政治学者。東京帝国大学法科大学卒。東京帝国大学法科大学教授。1916年「中央公論」に評論「憲政の本義を説いて其有終の美を済すの途を論ず」を発表したのを切っ掛けに次々と政治論文を発表して民本主義（democracy）を唱え、大正デモクラシー運動の理論的基礎を提供。また、福田徳三らと黎明会を結成し、デモクラシーを啓蒙した。生誕地の宮城県大柿村（現・大崎市古川）に吉野作造記念館がある。『吉野作造選集』（全16巻）がある。 85, 130

大学院修了。「社会科学年表」編集協力者の一人。 213

宮田喜代蔵（みやた・きよぞう、1896～1977）経済学者。東京高等商業学校専攻部卒。名古屋高等商業学校教授、神戸商業大学（神戸大学）教授、関西学院大学教授、追手門学院大学教授。著書に『生活経済学研究』『貨幣の生活理論』他。 116

宮鍋幟（みやなべ・のぼる、1927～）経済学者。東京商科大学本科（高島ゼミ）卒。一橋大学経済研究所教授、一橋大学経済研究所長、東京国際大学教授。著書に『ソヴェト農産物価格論』『ソ連経済改革の現状と展望』他。 208, 213

ミュラー（Adam Heinrich von Müller, 1779～1829）ドイツの政治哲学者、社会哲学者。著書に『国家学綱要』他。 159

ミル（John Stuart Mill, 1806～1873）イギリスの経済学者、哲学者。著書に『論理学体系』『自由論』『政治経済学の原理』『社会主義論』他。 81, 84, 159

メンガー（Carl Menger, 1840～1921）オーストリアの経済学者。限界効用理論を基礎とする経済学を打ち立てて近代経済学の創始者の一人となった。著書に『国民経済学原理』他。 51, 58, 69, 73, 118

望月敬之（もちづき・よしゆき、1904～）経済学者。東京商科大学本科卒。内閣統計局、丸善石油を経て大協和石油化学㈱常務、城西大学教授、城西大学副学長。著書に『経済の発展・成熟と景気理論』、訳書にA. シュピートホフ著『景気理論』他。 91, 96, 97, 100, 101, 102, 105

茂木健二（もてき・けんじ、1924～2008）社会運動家、実業家。東京商科大学本科（高島ゼミ）卒。太平洋戦争後、日本共産党に入党し活動、後に除名された。気工社《きこうしゃ》社長、医療法人宮代《みやしろ》会《かい》理事長。 195

【や】

安居善造（やすい・よしぞう、1900～1983）実業家。1926年東京商科大学本科（大塚ゼミ第1回生）卒。三井銀行員、東レ株式会社取締役会長。 64

矢内原忠雄（やないはら・ただお、1893～1961）経済学者。東京帝国大学卒。新渡戸稲造や内村鑑三の影響を受け無教会派クリスチャン。東京帝国大学教授、1937年「国家の理想」および講演が反戦的と問題視され辞職、1946年同大学に復帰。東京大学総長。著書に『帝国主義下の台湾』『余の尊敬する人物』『帝国主義研究』他。 159

山口隆二（やまぐち・りゅうじ）1928

【ま】

米谷隆三（まいたに・りゅうぞう、1899～1958）法学者。東京高等商業学校卒。商工省勤務ののち、東京商科大学助教授、教授。1947年教員資格不適格と判定され免職。成蹊大学教授。著書に『約款法の理論』他。 156

前田珍男子（まえだ・うずひこ）医学博士、眼科医。著書に『眼の衛生』『神経衰弱と眼』他。 114

増田四郎（ますだ・しろう、1908～1997）西洋史学者。東京商科大学本科卒。東京商科大学附属商学専門部教授、一橋大学教授、一橋大学長、東京経済大学教授。著書に『西洋中世世界の成立』『西欧市民意識の形成』『都市』他。 158

マルクス（Karl Heinrich Marx, 1818～1883）ドイツ、トリーアにユダヤ人の子として生まれる。急進的民主主義者から共産主義者に移行、「共産主義者同盟」の創設、「国際労働者協会」の創設につとめた。著書に『経済学・哲学草稿』『哲学の貧困』『経済学批判要綱』『資本論』『フランスの内乱』他。 47, 66, 68, 73, 86, 89, 90～92, 108, 109, 115, 117～119, 121, 123, 124, 132, 142, 160, 165, 168, 175, 211

マルサス（Thomas Robert Malthus, 1766～1834）イギリスの経済学者。著書に『人口論』『経済学原理』『価値尺度論』他。 159

三浦新七（みうら・しんしち、1877～1947）歴史学者、文明史研究家。東京高等商業学校専攻部卒。東京高等商業学校教授、東京商科大学教授。家業の両羽銀行（現・山形銀行）頭取。東京商科大学長。著書に『東西文明史論考』他。 44, 145, 156, 158

三木清（みき・きよし、1897～1945）哲学者。京都帝国大学卒。西田幾多郎、ハイデッガーらに師事。法政大学教授、治安維持法違反容疑で1930年と1945年に検挙され、1945年に獄死。著書に『パスカルに於ける人間の研究』『唯物史観と現代の意識』『構想力の論理』他。 108, 109

水田洋（みずた・ひろし、1919～）社会思想史家。東京商科大学本科（高島ゼミ）卒。名古屋大学教授、名城大学教授。学士院会員。著書に『近代人の形成』『イギリス革命』『アダム・スミス研究』他。 103, 136, 150, 162, 163, 165～167, 180, 207, 213

南亮三郎（みなみ・りょうざぶろう、1896～1985）経済学者。1923年東京商科大学本科卒。小樽高等商業学校教授、中央大学教授、駒沢大学大学院教授、駒沢大学人口研究所初代所長。著書に『人口法則と生存権論』『人口原理の研究』他。 117

宮下裕（みやした・ひろし）一橋大学

年復学し、12月繰上卒。成蹊高等学校教諭、神奈川大学教授。著書に『アダム・スミスの世界』他。 136, 158, 162, 169

ブハーリン（Nikolai Ivanovich Bukharin, 1888〜1938）旧ソ連の政治家、経済学者、哲学者。著書に『世界経済と帝国主義』『史的唯物論』他。 91

ブレンタノ（Lujo Brentano, 1844〜1931）ドイツの経済学者。新歴史学派の代表者。著書に『現代の労働者ギルド』『わが生涯とドイツの社会改革』他。 58, 59, 62

ポー（Edgar Allan Poe, 1809〜1849）アメリカの小説家、詩人。作品に『モルグ街の殺人』『黒猫』他。 42

ボェーム・バベルク（Eugen von Böhm-Bawerk, 1851〜1914）オーストリアの経済学者、政治家。著書に『資本と利子』他。 58, 69, 118

細谷新治（ほそや・しんじ、1917〜）書誌学者。東京商科大学本科卒。一橋大学経済研究所教授、一橋大学古典資料センター教授、千葉商科大学教授。著書に『明治前期日本経済統計解題書誌 富国強兵篇』『私の体験的書誌学』他。 213

ホッブズ（Thomas Hobbes, 1588〜1679）イギリスの哲学者。イギリス経験論哲学を代表する哲学者の一人。主著『リヴァイアサン』で自然権としての自己保存権から出発する近代国家論を樹立した。 160

堀潮（ほり・うしお、1892〜1966）英国思想史家。和歌山高等商業学校教授、東京商科大学附属商学専門部教授、東京商科大学予科教授、予科主事。論文に「教会と国家」（『一橋論叢』37巻3号）他。 185

本多謙三（ほんだ・けんぞう、1898〜1938）哲学者。1924年東京商科大学本科卒。東京商科大学予科教授。フッサールの現象学から出発しマルクスの唯物弁証法の研究に進んだ。著書に『実存哲学への道』『本多謙三選集』『実存哲学と唯物弁証法』他。 77, 108, 109, 126

本間喜一（ほんま・きいち、1891〜1987）商法学者。東京帝国大学卒。東京商科大学予科教授、大学教授。白票事件で退職。その後、東亜同文書院大教授、学長。最高裁初代事務総長。愛知大学長。著書に『手形法』『小切手法』他。 157

本間要一郎（ほんま・よういちろう、1924〜）経済学者、版画家。東京商科大学本科（高島ゼミ）卒。横浜国立大学教授。著書に『競争と独占』『現代資本主義分析の基礎理論』他。 174, 179, 180, 183, 184, 186, 188, 196, 213

社編集者。著書に『文芸復興』『歴史の暮方』『共産主義的人間』他。 126

疋田博次（ひきた・ひろつぐ、1918～1944）1942年、東京商科大学本科（高島ゼミ）卒。1944年1月31日、トラック島沖海戦において戦死。 198

平井潔（ひらい・きよし、1915～1961）社会運動家、婦人問題研究家。東京商科大学本科卒。在学中、船越経三らとともに粛園運動に邁進。1939年卒業目前に治安維持法違反容疑で検挙され、翌年有罪判決を受け、大学から除名処分となる。1941年復学、41年12月繰上卒。著書に『婦人問題』『働く女性の生き方』他。 162

平田清明（ひらた・きよあき、1922～1995）経済学者。東京商科大学本科（高島ゼミ）卒。名古屋大学教授、京都大学教授、神奈川大学教授、鹿児島経済大学長。マルクスの再解釈に取り組んだ。著書に『市民社会と社会主義』『経済学と歴史認識』他。 172, 213

平舘利雄（ひらだて・としお、1905～1991）経済学者。東京商科大学本科卒。東京商科大学（一橋大学）教授、専修大学教授。1943年横浜事件で逮捕され1945年有罪判決、娘の平舘道子が代理で冤罪事件として再審請求訴訟。著書に『ソヴェト計画経済の展開』『パリ・コミューンと十月革命』他。 67, 100, 102, 118

フィヒテ（Johann Gottlieb Fichte, 1762～1814）ドイツの哲学者。著書に『全知識学の基礎』『封鎖商業国家』『ドイツ国民に告ぐ』他。 159

福田徳三（ふくだ・とくぞう、1874～1930）経済学者。高等商業学校研究科卒。ドイツに留学し、主にルヨ・ブレンターノに師事して研究。高等商業学校（東京高等商業学校）教授。1904年松崎蔵之助校長と衝突し、休職の後退官。この間慶応義塾で講じた。後に東京高等商業学校に復帰、東京商科大学教授。経済原論、経済史、経済政策、社会政策などを担当。日本における経済学研究の自立と教育にもっとも貢献した一人。河上肇と「資本論」論争を展開し、吉野作造らと黎明会を組織してデモクラシー擁護の言論活動を行った。著書に独文『日本における社会的・経済的発展』（坂西由蔵訳『日本経済史論』）『福田徳三経済学全集』『厚生経済研究』他。 43, 44, 47, 48, 54, 56～64, 66～70, 76, 77, 79, 83, 89, 116～120, 124, 125, 128～130, 137, 148

船越経三（ふなこし・つねぞう、1911～2009）経済学者。東京商科大学本科卒。在学中、平井潔らとともに粛園運動に邁進。1939年卒業目前に治安維持法違反容疑で検挙され、翌年平井、山代洋とともに有罪判決を受け、大学から除名処分となる。1941

代と自治体革新』他。 207, 213

中橋八重（なかはし・やえ、？～1997）北海道の網元の家に生まれる。中学校教諭。高島みさをの闘病中から高島善哉の死去（1990年）まで、高島家のお手伝いとして家事全般を支えた。 232

中山伊知郎（なかやま・いちろう、1898～1980）経済学者。東京商科大学本科卒。東京商科大学（一橋大学）教授、一橋大学長。中央労働委員会会長。著書に『純粋経済学』『発展過程の均衡分析』『均衡理論と資本理論』『わが道経済学』他。 119, 129, 143, 148, 154, 156, 164

韮澤忠雄（にらさわ・ただお、1922～2007）ジャーナリスト。東京商科大学本科（高島ゼミ）卒。新聞「赤旗」編集長。著書に『マスコミ信仰の破たん』『「赤旗」の源流を訪ねて』『浅間のけむり』他。 177, 193, 200

野坂参三（のさか・さんぞう、1892～1993）政治家。慶応義塾大学卒。日本共産党創立に参画。衆議院議員、参議院議員。日本共産党中央委員会議長。最晩年に除名処分された。著書に『風雪のあゆみ』『平和と民主主義のたたかい』他。 101, 105, 209

【は】
萩原忠三（はぎわら・ちゅうぞう、1901～）ジャーナリスト。東京商科大学本科卒。大学在学中から高島善哉の友人。日本電報通信社社員、同盟通信ニューヨーク支局長、外信部長、共同通信社主幹。 36, 54

服部幾三郎（はっとり・いくさぶろう、1897～1977）出版人、編集者。東京商科大学本科卒。同文舘代表取締役社長、東京出版協同組合理事。野心的な企画に移行した『社会科学年表』の刊行が同文舘の経営を厳しくしたと言われている。 212

馬場啓之助（ばば・けいのすけ、1908～1988）経済学者。東京商科大学本科卒。学習院大学教授、一橋大学教授。著書に『ジョン・S・ミル』『経済学の哲学的背景』『経済学方法論』他。 105

林武（はやし・たけし、1930～2000）社会学者。一橋大学大学院修了。ベイルート・アメリカ大学客員研究員、アジア経済研究所員、大東文化大学教授。著書に『ナセル小伝』『現代アラブ入門』『現代アラブの政治と社会』他。 209

林達夫（はやし・たつお、1896～1984）思想史家。京都帝国大学卒。東洋大学教授。1927年頃から雑誌「思想」等の編集に携わる。唯物論研究会の幹事の一人。中央公論出版局長、鎌倉大学校（後に鎌倉アカデミアと改称）文学科長、明治大学教授、平凡

田辺 元(たなべ・はじめ、1885〜1962)哲学者。東京帝国大学文科大学哲学科卒。京都帝国大学教授。西田幾多郎とともに京都学派の第一世代を代表する思想家。著書に『カントの目的論』『種の論理の弁証法』『懺悔道としての哲学』他。 45, 153

田辺寿利(たなべ・すけとし、1894〜1962)社会学者。東京帝国大学中退。東京水産大学教授等を経て、東洋大学教授等を歴任。著書に『フランス社会学史研究』『コント実証哲学』『フランス社会学成立史』他。 95, 96

ツルゲーネフ(Ivan Sergeevic Turgenev, 1818〜1883)ロシアの作家。作品に『猟人日記』『処女地』『ルージン』『父と子』他。 48

テニエス(Ferdinand Tönnies, 1855〜1963)ドイツの社会学者。著書に『ゲマインシャフトとゲゼルシャフト』『カール・マルクス、生涯と学説』他。 160

栂井義雄(とがい・よしお、1906〜1983)経営学者。東京商科大学本科卒。専修大学教授。著書に『独逸の証券及株式会社統制』『三井物産会社の経営史的研究』『日本資本主義の群像』他。 90, 93

常盤敏太(ときわ・とした、1899〜1978)法学者。東京商科大学予科2年修了で退学。京都帝国大学法学部卒。東京商科大学附属商学専門部教授、東京商科大学教授。1940年雑誌「統制経済」創刊。1947年教員資格不適格と判定され免職。専修大学教授、札幌商科大学教授。著書に『法律における信義誠実の原則』『ラートブルッフ』他。 156

徳川夢声(とくがわ・むせい、1894〜1971)本名・福原駿雄。映画説明者、漫談家、著述家、俳優。代表作にNHKラジオ朗読「宮本武蔵」。ラジオ・テレビ番組等をはじめ多方面で活躍した。博物館「明治村」初代館長。著書に『夢声戦争日記』『夢声自伝』他。 40

戸田武雄(とだ・たけお、1905〜1993)経済学者。東京帝国大学卒。上智大学教授、静岡大学教授、駒沢大学教授。著書に『経済哲学』『経済学と市民革命』『近代経済学批判』他。 105

土橋賢三(どばし・けんぞう)1942年、東京商科大学本科(高島ゼミ)卒。太平洋戦争で戦死。 198

【な】

長洲一二(ながす・かずじ、1919〜1999)経済学者、政治家。東京商科大学本科(高島ゼミ)卒。横浜国立大学教授、神奈川県知事(1975〜1995)。著書に『現代マルクス主義論』『構造改革論の形成』『地方の時ゾムバルト（Werner Sombart, 1863～1941）ドイツの経済学者、社会学者。近代資本主義の社会学的把握のために体制の概念を提起した。著書に『近世資本主義』『高度資本主義』他。 146, 147, 153, 159, 160, 175

【た】

高垣寅次郎（たがき・とらじろう、1890～1985）経済学者。東京高等商業学校卒。東京商科大学教授、紅陵大学（現・拓殖大学）学長、成城大学長。著書に『貨幣の本質』『明治初期日本金融制度史研究』他。 157

高田保馬（たかた・やすま、1883～1972）社会学者、経済学者。京都帝国大学卒。東京商科大学教授等を歴任し、京都帝国大学教授、大阪大学教授、大阪府立大学教授。著書に『社会学原理』『社会関係の研究』『勢力論』他。 72, 175

高野岩三郎（たかの・いわさぶろう、1871～1949）統計学者。東京帝国大学法科大学卒。東京帝国大学教授、大原社会問題研究所長。戦後、日本共和国憲法私案要綱を発表、天皇制廃止を主張。著書に『本邦人口の現状及将来』他。 129

高野利治（たかの・としはる、1927～1991）経済学者。東京商科大学本科（高島ゼミ）卒。関東学院大学教授、関東学院大学長、関東学院理事長。共著書に『経済学の歴史と理論』他。 208, 213

高橋貞樹（たかはし・さだき、1905～1935）社会運動家。東京商科大学予科２年で中退。1922年共産党創立に参加、1923年全国水平社青年同盟を組織するなど社会主義運動で活躍。1929年「４・16事件」で検挙され、懲役15年の刑に服役するが、1935年結核により執行停止、出獄後病死。著書に『被差別部落一千年史』（原題は「特殊部落一千年史」）他。 36, 43

高橋泰蔵（たかはし・たいぞう、1905～1989）経済学者。東京商科大学本科卒。東京商科大学（一橋大学）教授。著書に『経済社会観と貨幣制度』『貨幣的経済理論の新展開』『ケインズ『一般理論』講義』他。 157, 183

武井大助（たけい・だいすけ、1887～1972）海軍軍人、実業家。東京高等商業学校卒。主計中将、主計局局長、安田銀行（後の富士銀行、現・みずほ銀行）社長、昭和産業社長、文化放送社長。著書に『山本元帥遺詠解説』他、歌集に『大東亜戦前後』。 117

70, 71, 73, 120

シュモラー（Gustav von Schmoller, 1838～1917）ドイツの経済学者、社会学者。新歴史学派の創始者。社会政策学会を創立しその中心人物。著書に『一般国民経済学綱要』他。 159

正田英三郎（しょうだ・ひでさぶろう、1903～1999）経営者。東京商科大学本科卒。三菱商事勤務。日清製粉株式会社社長、会長。皇后美智子の実父。著書に『四季折々』。 36, 38,

吹田順助（すいた・じゅんすけ、1883～1963）ドイツ文学者、随筆家。東京帝国大学文科大学独文科卒。第七高等学校教授等を経て、東京商科大学予科教授、東京商科大学教授、中央大学教授。著書に『ヘッベル』『近代独逸思潮史』『ゲーテと東洋』『緑野集』他。 127, 128

菅順一（すが・じゅんいち、1924～1995）旧姓・大陽寺《たいようじ》。社会政策学者。東京商科大学本科卒。一橋大学教授。著書に『社会政策論の歴史と現在』他。 153

杉村広蔵（すぎむら・こうぞう、1895～1948）経済哲学者。東京高等商業学校専攻部卒。東京商科大学助教授。1936年、白票事件を契機に退官。上海商工会議所理事、東京商科大学講師、三菱商事監査役。著書に『経済哲学の基本問題』他。 81, 124, 129, 145, 154～157

杉本栄一（すぎもと・えいいち、1901～1952）経済学者。東京商科大学本科卒。東京商科大学専門部教授。東京商科大学教授。著書に『理論経済学の基本問題』『近代経済学の基本性格』『近代経済学の解明』『近代経済学史』他。 61, 95, 96, 102, 118, 137, 141, 148, 167, 207, 220

鈴木三男吉（すずき・みおきち、1914～）出版人、編集者。日本評論社。出版部長だった1945年横浜事件関係者の一人とされて特高により逮捕され拷問を受けたが、終戦により起訴は免れた。 167

スミス（Adam Smith, 1723～1790）スコットランドの道徳哲学者、経済学者。グラスゴー大学で道徳哲学を講じ、経済学を初めて体系化して古典学派経済学の創始者となった。晩年はエディンバラで税関委員を勤めた。著書に『道徳感情論』『国富論』他。 81, 103, 145～147, 159, 160, 163, 164, 211

左右田喜一郎（そうだ・きいちろう、1881～1927）経済哲学者。東京高等商業学校専攻部卒。東京高等商業学校講師。京都帝国大学文学部講師。東京商科大学講師。左右田銀行頭取。貴族院議員。著書に『経済哲学の諸問題』『貨幣と価値』『経済法則の論理的性質』他。44, 45, 77, 108, 109, 124

（福田徳三の最初の門下生）。神戸高等商業学校教授。著書に『企業論』『経済生活の歴史的考察』他。 60, 63

桜井進（さくらい・すすむ）1929年、東京商科大学本科（大塚金之助ゼミ）卒。 90, 91

佐藤毅（さとう・たけし、1932～1997）社会学者。一橋大学卒。法政大学教授、一橋大学教授、大東文化大学教授。著書に『現代コミュニケーション論』『マスコミの受容理論』『日本のメディアと社会心理』他。 208

佐野善作（さの・ぜんさく、1873～1952）会計学者、商学者。高等商業学校卒。高等商業学校教授。東京高等商業学校校長。東京商科大学教授。東京商科大学初代学長。著書に『貨幣論』『銀行論』他。 80, 141, 156

ザリーン（Edgar Salin, 1892～1974）スイスの経済学者、社会学者。歴史学派に属し、幅広い教養を基礎とした研究を展開した。著書に『国民経済学史』（『経済学史の基礎理論』）他。 143, 145～147, 163

シェークスピア（William Shakespeare, 1564～1616）イギリスの詩人、劇作家。作品に悲劇『ハムレット』、喜劇『お気に召すまま』他。 42

シスモンディ（Jean Charles Léonard Simonde de Sismondi, 1773 ～1842）ジュネーブの経済学者、歴史家。著書に『商業の富』『中世イタリア共和国史』『政治経済学の新原理』他。 159

清水幾太郎（しみず・いくたろう、1907～1988）社会学者、評論家。東京帝国大学文学部卒。読売新聞論説委員、二十世紀研究所所長、学習院大学教授。著書に『社会学批判序説』『社会学講義』『社会心理学』他。 96, 105

清水嘉治（しみず・よしはる、1929～）経済学者。一橋大学大学院社会学研究科修了。関東学院大学教授、神奈川大学教授。著書に『市民型経済政策の論理』『世界経済を読む』『激動する世界経済』『世界経済の統合と再編』他、共著書に『新 EU 論』。 209

シュパン（Othmar Spann, 1878～1950）オーストリアの社会学者、経済学者。全体主義思想に基づいた社会学はナチスの思想に影響を与えた。著書に『真正国家論』『全体主義の原理』他。 142

シュムペーター（Joseph Alois Schumpeter, 1883～1950）アメリカ（オーストリア生まれ）の経済学者。1932年にナチスに追われて渡米。多くの経済学上の労作を残した。著書に『理論経済学の本質と主要内容』『経済発展の理論』『経済分析の歴史』他。 69,

方法の立場より見た政治経済学』『貨幣論』他。 146, 159

クラーク（John Bates Clark, 1847〜1938）アメリカの経済学者。アメリカ近代経済学の創始者。ワルラス、ジェボンズ、メンガーらとは別に限界効用理論体系を確立。著書に『分配論』他。 69, 73, 120

クローン（Gustav Kron, 1874〜？）ドイツ生まれのバイオリン奏者、ベルリン・フィルのメンバー。東京音楽学校外国人教師として、1913〜21年と22〜25年に在職。1924年11月29日と30日に、日本人による初演となるベートーヴェンの「交響曲第九番」を指揮。 53

古賀英三郎（こが・えいざぶろう、1928〜1990）経済学者。東京商科大学本科（高島ゼミ）卒。一橋大学教授。著書に『モンテスキュー』『国家・階級論の史的考察』他。 208, 209, 213

越村信三郎（こしむら・しんざぶろう、1907〜1988）経済学者。東京商科大学本科卒。横浜高等商業学校教授、横浜国立大学教授、学長、和光大学教授。著書に『経済循環の基本図式』『マルクス経済学説』『図解資本論』『マルクス主義計量経済学』他。 132, 133

ゴットル（Friedrich von Gottl-Ottlilienfeld, 1868〜1958）ドイツの経済学者。個人主義的、自然科学的な方法論を退けた考え方はナチスの時代に支持された。著書に『計画経済の神話』『経済の本質と根本概念』他。 142, 143, 159, 160

後藤みさを（ごとう・みさを、1912〜1983）岐阜県羽島郡小熊村（現・羽島市）生まれ。奈良女子高等師範学校卒。1932年、高島善哉と結婚（高島姓となる）し、二男一女を儲ける。眼が不自由となっていった善哉を支えた。 114, 115, 135, 204, 206, 210, 225, 231, 232,

近藤東（こんどう・あずま、1904〜1988）詩人。東京京橋に生まれる。1920年、岐阜中学から東京郁文館中学に転校。明治大学卒。日本国有鉄道（現・JRグループ）に在職し、勤労詩運動を提唱。詩集に『抒情詩娘』『万国旗』『風俗』他。 25

【さ】

酒井正三郎（さかい・しょうざぶろう、1901〜1981）経済学者。1924年、東京商科大学本科卒。名古屋高等商業学校教授、名古屋大学経済学部教授、南山大学教授。著書に『経営技術学と経営経済学』『経済体制と人間類型』他。 32

坂西由蔵（さかにし・よしぞう、1877〜1942）経済学者（企業論・経済史・社会政策論）。東京高等商業学校卒

学本科卒。学校法人金子教育団を設立し、大学受験予備校の一橋学院を経営。国際商科大学（現・東京国際大学）の創立者。著書に『たった一人の寺子屋から――金子泰蔵の世界自叙伝』。 27, 36

加茂儀一（かも・ぎいち、1899～1977）文明史家、科学技術史学者。東京商科大学本科卒。東京工業大学教授、小樽商科大学長、関東学院大学教授。日本科学史学会会長、世界連邦建設同盟理事長。著書に『家畜文化史』『レオナルド・ダ・ヴィンチ伝』『榎本武楊』他。 109

川勝堅二（かわかつ・けんじ、1924～）実業家。東京商科大学本科（高島ゼミ）卒。三和銀行（現・三菱東京UFJ銀行）頭取、会長。経団連副会長、学校法人桃山学院理事長、国立京都国際会館理事長等を歴任。講演記録に「わが国における金融自由化の意義と特質」（『一橋論叢』115巻6号）他。 197

河上肇（かわかみ・はじめ、1879～1946）経済学者、思想家、詩人。東京帝国大学法科大学卒。京都帝国大学教授。マルクスの思想と理論の先駆的祖述者で同時代の多くの人に強い影響を与えた。1928年大学教授を辞職、1932年日本共産党に入党して地下活動に入り、1933年治安維持法違反で検挙、投獄され、1937年刑期満了で出獄。著書に『貧乏物語』『資本論入門』『自叙伝』他。 47, 89, 119, 139, 140

川崎巳三郎（かわさき・みさぶろう、1905～1982）経済学者。東京商科大学本科卒。プロレタリア科学研究所中央委員、内閣企画院嘱託、満鉄調査部勤務。太平洋戦争後日本共産党に入党し本部勤務。著書に『恐慌』『関寛斎』他。 66, 67, 87, 100, 101

カント（Immanuel Kant, 1724～1804）ドイツ古典哲学の創始者。市民社会を「人間の社交的非社交性」と規定した。著書に『純粋理性批判』『一般史考』他。 46

菊地原文市（きくちはら・ぶんいち、1924～）教育者。1945年陸軍除隊、翌年復学し49年東京商科大学本科卒。結核による闘病生活の後52年から神奈川県立高等学校教諭、県立津久井高等学校長。「尾崎行雄を全国に発信する会」会長。 193

紀平正美（きひら・ただよし、1874～1949）哲学者。東京帝国大学文科大学哲学科卒。学習院教授。戦時下、国家主義的傾向を強め、国民精神文化研究所の中心的存在。著書に『哲学概論』『行の哲学』『日本精神』他。 44

クニース（Karl Gustav Adolf Knies, 1821～1898）ドイツの経済学者。歴史学派の創始者の一人。著書に『歴史的学院卒。戦時下、ソビエト連邦（現・ロシア）に亡命した。モスクワ放送局勤務。1972年帰国して女優を続けるが、1986年ソ連に永久移住した。著書に『自伝 悔いなき命を』他。 52

玉明燦（オク・ミョンチャヌ）朝鮮鴨緑江河口新義州出身。神戸高等商業学校卒。1941年12月東京商科大学本科（高島ゼミ）卒。朝鮮銀行に就職が内定していたが、卒業直前に特高に逮捕連行され、その後消息不明。163

小椋広勝（おぐら・ひろかつ、1902〜1968）経済学者。東京商科大学本科（大塚ゼミ第1回生）卒。3・15、4・16事件で検挙・投獄される。同盟通信社香港支局員、共同通信社デスク。世界経済研究所理事長、立命館大学教授。著書に『戦争危機の分析』『ウォール街』他。 101〜103

長田五郎（おさだ・ごろう、1926〜）経済学者。東京商科大学本科（高島ゼミ）卒。横浜市立大学教授、経済研究所長。明星大学教授。「日本子どもを守る会」常任理事。著書に『日本経済を考える』『世界の政治と経済』、論文に「長田新の平和教育論」⑴〜⑽（明星大学戦後教育史研究センター編『戦後教育史研究』12号〜18号、20号〜22号）他。 2, 4, 208, 219, 236

尾高邦雄（おだか・くにお、1908〜1993）社会学者。東京帝国大学文学部卒。東京大学教授、上智大学教授。産業社会学を確立。著書に『職業と産業社会』『産業における人間関係の科学』他。 95, 99, 104〜106

尾高朝雄（おだか・ともお、1899〜1956）法哲学者。東京帝国大学法学部、京都帝国大学哲学科卒。京城帝国大学教授、東京帝国大学教授。著書に『法哲学』『法の究極にあるもの』他。95〜97

【か】

加瀬俊一（かせ・としかず、1904〜2004）外交官。東京商科大学本科在学中に高等試験外交科試験合格、東京商科大学中退。1956年の国連加盟後の初の国連大使、ユーゴスラビア特命全権大使等を歴任。著書に『ミズーリ号への道程』『戦争と外交』他。 36

加藤敬三（かとう・けいぞう）1925年、東京商科大学本科卒。 89

加藤由作（かとう・よしさく、1894〜1978）保険学者。東京高等商業学校専攻部卒。東京商科大学（一橋大学）教授、青山学院大学教授。海上保険学の基礎を築いた。著書に『海上危険論』『海上損害論』他。 154

金子泰蔵（かねこ・たいぞう、1904〜1987）商学者。1927年、東京商科大

教授、創価大学教授。短歌同人「まるめら」主宰。著書に『資源配分の理論』、歌集『母の手』他。 164

大河内一男（おおこうち・かずお、1905〜1984）経済学者。東京帝国大学経済学科卒。東京帝国大学経済学部教授、東京大学総長。1968年東大紛争により総長を辞任。著書に『独逸社会政策思想史』『スミスとリスト』他。 162, 167

太田可夫（おおた・よしお、1904〜1967）哲学者。東京商科大学本科卒。東京商科大学予科教授、東京商科大学（一橋大学）教授。アダム・スミスの「同感の原理」について日本で最初の本格的研究を行った。高島善哉の約40年にわたる親友。著書に『イギリス社会哲学の成立』『力について』他。 157, 174, 175, 183

大塚金之助（おおつか・きんのすけ、1892〜1977）社会科学者、社会思想史家、歌人。東京高等商業学校専攻部卒。東京商科大学（一橋大学）教授。明治学院大学教授。1933年、「日本資本主義発達史講座」のために『経済思想史』を執筆中に逮捕され、治安維持法違反として懲役2年執行猶予3年の判決確定し、東京商科大学教授を失官。以降13年間、強制失業を強いられ、官憲の監視下に置かれる。1945年、東京産業大学（1944年に東京商科大学を改称）教授として復職。著書に『解放思想史の人々』『ある社会科学者の遍歴』、歌集『人民』他。 56, 57, 59〜61, 64〜70, 74, 76, 77, 84〜87, 90, 91, 93, 95〜106, 108, 120, 127, 129, 132〜134, 137, 141, 148, 214, 220

大塚有章（おおつか・ゆうしょう、1897〜1979）社会運動家。早稲田大学政治経済学部卒。河上肇の義弟。1929年新労農党創立に参加。1930年京都地方労働組合総評議会を結成。1932年上京し共産党入党、地下活動を行う。太平洋戦争後中国革命に協力。著書に『未完の旅路』他。 138〜140

大箸和夫（おおはし・かずお）横浜一中出身。1942年10月東京商科大学本科入学、45年東京商科大学本科（高橋泰蔵ゼミ）卒。 173

大平善梧（おおひら・ぜんご、1905〜1989）国際法学者。東京商科大学本科卒。東京商科大学予科教授、一橋大学教授、青山学院大学教授、青山学院大学長、亜細亜大学教授。著書に『日本の安全保障と国際法』他。 157, 183

大森繁雄（おおもり・しげお、1922〜）ジャーナリスト。東京商科大学本科（高島ゼミ）卒。朝日新聞記者、朝日新聞論説委員、朝日イブニングニュース社社長（主筆）。 226

岡田嘉子（おかだ・よしこ、1902〜1992）新劇女優、映画女優。東京女子美術

1851〜1926）オーストリアの経済学者、社会学者。主観的価値論の主唱者の一人。著書に『自然価値論』他。58, 69, 73

ヴィルブラント（Robert Wilbrandt, 1875〜1954）ドイツの経済学者。著書に『カール・マルクス研究』『国民経済史』『経済思想小史』他。 117

ヴィンデルバント（Wilhelm Windelband, 1848〜1915）ドイツの哲学者。リッカートとともに西南ドイツ学派の代表的哲学者の一人。著書に『近世哲学史』『哲学概論』他。 46

上田貞次郎（うえだ・ていじろう、1879〜1940）経済学者。東京高等商業学校専攻部卒。東京商科大学教授、学長。理論的、実証的研究を行い、日本における経営学研究を確立。生涯を通じて新自由主義を主張。著書『株式会社経済論』で経営学の基礎を築いた。他著書として『英国産業革命史論』『新自由主義』などがある。44, 89〜91, 94, 158

上野格（うえの・いたる、1930〜）経済学者。一橋大学（高島ゼミ）卒。成城大学教授。共著書に『イギリス現代史』、共編著に『図説アイルランド』他。 3, 209, 236

ヴェーバー（Max Weber, 1864〜1920）ドイツの社会学者、経済学者。現代社会科学を代表する一人。著書に『プロテスタンティズムの倫理と資本主義の精神』『経済と社会』他。73, 159, 160

上原専禄（うえはら・せんろく、1899〜1975）歴史学者。東京高等商業学校専攻部卒。東京商科大学附属商学専門部教授、東京産業大学（東京商科大学）学長、一橋大学教授。高島善哉らとともに社会学部の設立に尽力。著書に『独逸中世史研究』『歴史的省察の新対象』他。 154, 213, 215

江澤讓爾（えざわ・じょうじ、1907〜1975）経済地理学者。東京商科大学本科卒。東京商科大学予科教授。1947年教員資格不適格と判定され免職。神奈川大学教授、専修大学教授。著書に『工業集積論』『経済立地論の体系』他。 183

大内兵衛（おおうち・ひょうえ、1888〜1980）マルクス経済学者。東京帝国大学法科大学経済学科卒。東京帝国大学経済学部教授、東京大学教授。法政大学総長。森戸事件に連座して失職、のちに復職。人民戦線事件で検挙される。社会党左派の理論的指導者の一人。著書に『財政学大綱』他。 129

大熊信行（おおくま・のぶゆき、1893〜1977）経済学者、歌人。東京高等商業学校専攻部卒。高岡高等商業学校教授、富山大学教授、神奈川大学

96〜98, 100, 102〜105

石原忍（いしはら・しのぶ、1879〜1963）眼科学者。東京帝国大学医科大学卒。陸軍軍医学校教官、東京帝大医学部教授、東京逓信病院長。太平洋戦争後、伊豆に河津眼科医院を開業。石原式色覚検査表の作成者。著書に「小眼科学」他。 220

板垣與一（いたがき・よいち、1908〜2003）経済学者。東京商科大学本科卒。東京商科大学附属商学専門部教授、一橋大学教授、亜細亜大学教授、八千代国際大学（現・秀明大学）初代学長。アジア経済研究所理事。著書に『政治経済学の方法』『アジアの民族主義と経済発展』他。 134, 136, 145, 156, 157, 158, 162, 164, 183

板橋菊松（いたばし・きくまつ、1888〜1983）商法学者。早稲田大学卒。立教大学教授等を経て、関西大学教授等を歴任。福田徳三の病室に詰めていた一人。原理日本社の三井甲之・蓑田胸喜らを中心に1938年に結成された右翼団体「帝大粛正期成同盟」のメンバーの一人。著書に『社債法論攷』『長期戦と経済建設』他。 116

井藤半弥（いとう・はんや、1894〜1974）経済学者。東京高等商業学校専攻部卒。東京商科大学教授、一橋大学長、青山学院大学教授。著書に『租税原則学説の構造と生成』『財政学研究』『社会政策総論』他。 124, 129, 148, 154

岩崎卯一（いわさき・ういち、1891〜1960）社会学者、政治学者。関西大学専門部卒、コロンビア大学卒。関西大学教授、関西大学長。著書に『社会学の本質と体系』『社会学の科学的性格』他。 95, 96, 99

岩波茂雄（いわなみ・しげお、1881〜1946）出版経営者。東京帝国大学哲学科選科卒。1913年岩波書店創業。1921年「思想」創刊、1927年岩波文庫発刊、1938年岩波新書発刊、1946年「世界」創刊。岩波書店の出版物を通して「岩波文化」と呼ばれる独自の出版文化が築かれた。 115

巖谷小波（いわや・さざなみ、1870〜1933）近代児童文学の祖。1891年に発表した創作童話『こがね丸』が好評を得、雑誌「少年世界」の主筆を務めながら少年少女向け雑誌に童話やおとぎ話を発表。主な作品に『日本昔話』『日本お伽噺』『世界お伽噺』。アンデルセンやグリム童話の日本で最初の紹介者。 24

ヴァルガ（Evgenii Samoilovich Varga, 1879〜1964）旧ソ連（ハンガリー生まれ）の経済学者。世界経済概観を四半期ごとに発表した。著書に『世界経済恐慌史』他。 101〜103, 132

ヴィーザー（Friedrich Freiherr von Wieser,

人 名 索 引

（生没年に関しては、調べがついた人物のみ記載した）

【あ】

アインシュタイン（Albert Einstein，1879～1955）アメリカ（ドイツ系）の理論物理学者。特殊相対性理論、一般相対性理論を発表。1921年ノーベル物理学賞を受賞。著書に『相対性理論』『科学者と世界平和（Out of my later years.）』他。 48

青木專一（あおき・せんいち）1944年東京商科大学予科修了、東京商科大学本科卒。 195

青木正也（あおき・まさや、1924～2006）特殊法人職員、経営コンサルタント。東京商科大学卒。日本貿易振興会（現・独立行政法人日本貿易振興機構）、㈱笹沼コンサルティング・グループ。録音テープ「ジェトロ・世界市場レポート」（「朝日放送大学21世紀セミナー」27、1972）。 226

阿曾福圓（あそ・ふくえん）東京商科大学（一橋大学）附属図書館職員、附属図書館事務長（1966～1968年）。 213

遊部久蔵（あそべ・きゅうぞう、1914～1977）経済学者。慶応義塾大学卒。慶応義塾大学教授。古典学派とマルクスの価値論を研究した。著書に『価値論と史的唯物論』『労働価値論史研究』他。 207

有馬文雄（ありま・ふみお、1922～1999）ロシア文学者。東京商科大学本科（高島ゼミ）卒。大同工業大学（現・大同大学）教授。論文に「『貧しき人々』の創作過程」（『一橋論叢』28巻6号）「社会科学と日本語」（大同工業大学紀要27，28）他。 213

池島重信（いけじま・しげのぶ、1904～1991）哲学者。法政大学卒。法政大学教授。著書に『ドストエフスキーの哲学』他。 105

石井光（いしい・ひかる、1906～1931）東京社会科学研究所事務員。東京商科大学本科卒。在学中から研究所事務員として図書・資料の発注、整理、出納のすべてを行う。ヴァルガ「世界経済年報」の分担翻訳者の一人、同時にその出版事務一切を担当。 91,

著者紹介

上岡　修（かみおか・おさむ）

1946年栃木県生まれ。1970年成城大学経済学部卒、1976年関東学院大学大学院経済学研究科修士課程修了。

元都立高校教諭。「日本子どもを守る会」理事。

1978年春から高島善哉の逝去の直前の89年末まで、眼の不自由な高島の助手を務めた。

論文に「ジョン・ロック『教育論』の課題」（『知性の社会と経済』時潮社、1997年所収）、「高島善哉の『経済社会学』への旅立ち」（成城大学『経済研究』第159号、2003年1月所収）ほか。

高島善哉　研究者への軌跡

——孤独ではあるが孤立ではない——

（検印廃止）

2010年3月15日　初版第1刷発行

著　者　上　岡　　修

発行者　武　市　一　幸

発行所　株式会社　新　評　論

〒169-0051
東京都新宿区西早稲田3-16-28
http://www.shinhyoron.co.jp

電話　03(3202)7391
FAX　03(3202)5832
振替・00160-1-113487

落丁・乱丁はお取り替えします。
定価はカバーに表示してあります。

印刷　フォレスト
製本　清水製本所
装丁　山田英春
写真　上岡　修
（但し書きのあるものは除く）

Printed in Japan

ISBN978-4-7948-0830-1

新評論　好評既刊

高島善哉
社会科学の再建　　人間と社会を見直す目
日本の社会科学はいかにして再生の道を切り拓くべきか。
新鮮な感覚と日常の言葉で熱く語りかける希望のポケットブック。

四六並製　216頁　2940円　ISBN4-7948-9967-X　★オンデマンド

ホワン・マルチネス＝アリエ／工藤秀明 訳
［増補改訂新版］エコロジー経済学
100年余の歴史を持ちつつも異端とされてきた「もう一つの経済学」
の多様な学的蓄積を詳説、経済学の新たな地平を拓く。

四六上製　480頁　4410円　ISBN4-7948-0440-7

篠田武司・宇佐見耕一 編　シリーズ〈「失われた10年」を超えて〉第3巻
安心社会を創る　　ラテン・アメリカ市民社会の挑戦に学ぶ
新自由主義の負の経験を乗り越えようとする中南米の人々の
多彩な取り組みに、連帯と信頼の社会像を学び取る。

四六上製　320頁　2730円　ISBN978-4-7948-0775-5

石水喜夫
ポスト構造改革の経済思想
日本の「構造改革」を主導してきた「市場経済学」の虚実に迫り、
我々の生を意味あるものにする「政治経済学」的思考の復権を提唱。

四六上製　240頁　2310円　ISBN978-4-7948-0799-1

高島敦子
考える人を育てる言語教育
情緒志向の「国語」教育との訣別
〈自分の頭で考え、自分のことばで伝える〉力を育む言語教育と、
そこから始まる真の市民教育への提言。大野晋氏推薦!

四六上製　208頁　1890円　ISBN4-7948-0669-8

社団法人 自由人権協会 編
市民的自由の広がり　　JCLU 人権と60年
海外有権者、DV、テロ対策と人権、監視カメラ、代理母など、
人権をめぐる最新の議論を軸に説き明かす「市民の手引き」。

四六並製　288頁　3150円　ISBN978-4-7948-0751-9

＊ 表示価格は消費税（5%）込みの定価です